신문이 보이고 **27**
뉴스가 들리는

재미있는
날씨와
기후 변화
이야기

신문이 보이고 뉴스가 들리는 ㉗
재미있는 **날씨와 기후 변화 이야기**

개정판 1쇄 발행 | 2014년 3월 14일
개정판 9쇄 발행 | 2022년 3월 1일

지 은 이 | 김병춘 박일환
그 린 이 | 정재환 권성호

펴 낸 곳 | (주)가나문화콘텐츠
펴 낸 이 | 김남전
편 집 장 | 유다형
편 집 | 이보라 김아영 설예지
외 주 편 집 | 손지숙
디 자 인 | 양란희
외주 디자인 | 김경미
마 케 팅 | 정상원 한웅 정용민 김건우
관 리 | 임종열

출 판 등 록 | 2002년 2월 15일 제10-2308호
주 소 | 경기도 고양시 덕양구 호원길 3-2
전 화 | 02-717-5494(편집부) 02-332-7755(관리부)
팩 스 | 02-324-9944
홈 페 이 지 | www.ganapub.com
이 메 일 | ganapub@naver.com

ISBN 978-89-5736-649-3 (74450)

*이 책은 《신문이 보이고 뉴스가 들리는 재미있는 날씨 이야기》를 전면 개정한 책입니다.

*책값은 뒤표지에 표시되어 있습니다.
*이 책의 내용을 재사용하려면 반드시 (주)가나문화콘텐츠의 동의를 얻어야 합니다.
*잘못된 책은 구입하신 서점에서 바꾸어 드립니다.

*'가나출판사'는 (주)가나문화콘텐츠의 출판 브랜드입니다.

「이 도서의 국립중앙도서관 출판시도서목록(CIP)은 서지정보유통지원시스템 홈페이지(http://seoji.nl.go.kr)와 국가자료공동목록시스템(http://www.nl.go.kr/kolisnet)에서 이용하실 수 있습니다.(CIP제어번호: CIP2013027872)」

• 제조자명 : (주)가나문화콘텐츠
• 주소 및 전화번호 : 경기도 고양시 덕양구 호원길 3-2 / 02-717-5494
• 제조연월 : 2022년 3월 1일
• 제조국명 : 대한민국
• 사용연령 : 4세 이상 어린이 제품

신문이 보이고 뉴스가 들리는 ㉗

재미있는
날씨와 기후변화 이야기

글 김병춘 · 박일환 | 그림 정재환 · 권성호
추천 정순갑(전 기상청장)

가나출판사

| 머리말 |

놀랍고도 신비로운 날씨의 세계로 출발해 볼까요?

맑은 날, 하늘을 한번 보세요.

하얀 뭉게구름이 둥둥 떠다니는 것을 본 적이 있나요?

그러나 갑자기 먹구름이 몰려와 하늘을 검게 뒤덮고, 장대 같은 소나기가 내리다가 사라지는 것을 본 적이 있을 거예요. 하지만 조금 있으면 언제 그랬느냐는 듯 아름다운 무지개가 떠오르지요. 이처럼 자연에는 우리가 눈으로 보고도 믿기 어려운 현상들이 많이 일어나고 있답니다.

《신문이 보이고 뉴스가 들리는 재미있는 날씨와 기후 변화 이야기》는 우리 주변에서 흔히 접할 수 있는 기상 현상뿐만 아니라 최근에 텔레비전이나 신문에 많이 나오는 지구 온난화, 기후 변화까지 재미있게 풀어 놓은 책이랍니다.

이 책에는 날씨가 무엇인지, 왜 무지개가 나타나는지, 일기 예보는 어떻게 만들어지는지, 지구 온난화는 왜 일어나는 것인지 등 우리 어린이들의 호기심을 불러일으킬 수 있는 주제들로 가득 차 있어요.

우리는 매일매일 날씨와 밀접한 관계를 맺으며 살아가고 있어요. 소풍 전날 비가 올까, 아침에 일어나서 학교에 무엇을 입고 갈까 고민할 때도 가장 관계가 깊은 것이 바로 날씨이지요. 이처럼 날씨는 우리 생활에 많은 영향을 미치고 있어요.

　그런데 이러한 날씨가 지구 전체의 환경에 영향을 미치면서 세계 곳곳에 기상 이변을 만들어 내고 있어요. 북극과 남극의 빙하가 녹고 있으며 해수면 상승으로 태평양의 작은 섬들은 서서히 잠기고 있어요. 또한, 여러 동식물들이 사라지거나 멸종 위기에 놓여 있는 등 생태계가 심각한 위협을 받고 있어요. 이러한 원인은 바로 기후 변화에서 찾을 수 있답니다. 우리나라도 이러한 기후 변화로 꽃이 피는 시기가 점점 빨라지고, 따뜻한 남쪽 지방에서 자라는 농작물의 재배지가 점점 북쪽으로 올라오는 등 다양한 변화가 일어나고 있어요.

　건강한 지구를 만들기 위해서는 에너지를 절약하고, 친환경 제품을 사용하며, 자원을 재활용하고, 나무를 심고 가꾸는 등 우리 주변의 작은 것부터 실천해야 해요.

　이렇듯 자연에서 일어나는 현상에는 원인과 결과가 있어요. 어린이 여러분이 이 책을 읽고 나면 작은 날씨 변화도 예전과는 다른 눈으로 바라보게 될 거예요. 그러다 보면 날씨에 숨어 있는 비밀들을 좀 더 과학적으로 이해할 수 있는 지식과 하나뿐인 지구를 사랑하는 마음이 새록새록 자라날 거예요.

　자, 이제 놀랍고도 신비로운 날씨의 세계로 어린이 여러분을 초대합니다.

김병춘 · 박일환

| 추천의 글 |

날씨 박사가 되어 볼까요?

　뉴스가 끝나 갈 무렵에는 기상 캐스터가 날씨를 알려 주지요. 스마트폰으로 일기 예보를 검색하기도 하고요.

　이 일기 예보를 보고, 다음 날 아침 우산을 챙기거나 야외 나들이 계획을 세울 수 있어요. 농촌에서는 큰비가 오지는 않을지, 가뭄이 들지는 않을지 미리 알 수 있어 농사를 짓는 데 큰 도움이 되지요. 어촌에서는 먼바다의 파도가 얼마나 높을지 예상하고, 다음 날 배를 띄울 것인지를 결정해요. 이렇듯 우리 주변에 있는 모든 것이 날씨를 바탕으로 움직이고 있고, 대부분의 생활이 날씨와 밀접한 관계가 있답니다.

　《신문이 보이고 뉴스가 들리는 재미있는 날씨와 기후 변화 이야기》에는 우리 주변의 날씨 이야기와 함께 요즈음 곳곳에서 자주 등장하는 기후 변화, 그리고 자외선 지수와 같이 알면 도움이 되는 날씨 정보 등이 담겨 있어요. 어린이 여러분은 비는 왜 오는지, 바람은 왜 부는지, 우리 조상들이 만든 세계 최초의 우량계인 측우기는 어떻게 생겼는지, 학교에서 날씨에 대해 배우면서 누구나 한번쯤은 이런 생각을 해 보았을 거예요.

　이 책을 읽고 나면 자연 현상에 숨어 있는 과학의 원리를 깨닫게 될 뿐만 아니라, 우리 조상들의 지혜와 과학 정신도 함께 느낄 수 있을 거예요.

　그런데 우리나라는 언제부터 날씨를 관측하기 시작했을까요? 일상생활에 꼭 필요

한 기상 관측이 시작된 것은 오래전부터예요. 고조선 시대에 비바람을 다스렸다거나 삼국 시대에 기상 관측을 하였다는 기록이 남아 있거든요. 또 조선 시대 세종 대왕 때 세계 최초로 측우기를 발명하여 비를 관측하기 시작했답니다.

이러한 관측 자료를 바탕으로 오늘의 날씨를 30년 전, 아니 세종 대왕 때의 날씨와 비교하면 날씨가 서서히 변하고 있다는 것을 알 수 있어요. 왜 이렇게 변하고 있는지 생각해 본 적이 있나요? 그 이유는 사람들이 이산화탄소와 같은 온실가스를 많이 배출해서 지구의 기온이 점점 올라가고 있기 때문이랍니다.

최근 들어 우리나라의 기후가 변하고 있다는 이야기를 들었을 거예요. 우리나라뿐만 아니라 전 세계적으로 기후 변화가 급격하게 진행되고 있지요. 우리나라 여름철에는 태풍의 힘이 강해져 바람이 세게 불고 비도 많이 내리고, 겨울철에는 폭설이 쏟아져요. 아프리카 지역에서는 비가 내리지 않아 사막이 점점 넓어지고 있고, 태평양의 작은 섬들은 바다에 잠기고 있어요. 우리는 우리의 눈앞에서 일어나는 기후 변화를 잘 이해하고 지구 온난화를 늦추기 위해서 노력해야 한답니다.

이 책은 여러분이 학교에서 배우는 자연, 환경, 날씨의 기본 원리를 이해하는 데 도움이 될 거예요. 또 스스로 탐구하는 자세, 관찰하는 능력, 사고하는 힘을 길러 주어 날씨 과학을 이해하는 데 좋은 길잡이가 될 거예요.

전 기상청장 정순갑

| 차례 |

머리말 · 4
추천의 글 · 6

날씨 이야기 · 12

1장
날씨 이야기

날씨가 뭐예요? · 14
날씨에 가장 큰 영향을 미치는 것은 태양이에요 · 16
지구를 따뜻하게 하는 태양 복사 에너지 · 18
날씨와 물의 순환 · 20
날씨에는 공기도 영향을 미쳐요 · 24
기온은 시간과 장소에 따라 달라져요 · 28

구름, 비, 눈 이야기 · 32

2장
구름, 비, 눈
이야기

구름은 어떻게 만들어져요? · 34
구름은 색깔이 왜 다 달라요? · 36
안개와 구름은 뭐가 달라요? · 38
안개는 언제 생겨요? · 40
이슬과 서리는 어떻게 달라요? · 42
비는 어떻게 만들어져요? · 44
강수량과 강우량이 헷갈려요! · 46
사람이 만든 비, 인공 강우 · 48
가뭄과 장마 · 50
무지개는 왜 나타나요? · 54

무지개 색깔은 나라마다 달라요? · 56
겨울에는 왜 눈이 와요? · 58
날씨 지식 플러스 | 여러 가지 구름의 종류 · 62

휘이잉~

3장
바람과 태풍
이야기

바람과 태풍 이야기 · 64

바람은 왜 불어요? · 66
바람이 세계 일주를 한다고요? · 68
바람의 빠르기는 어떻게 재요? · 70
하늘 높은 곳과 바다에서 부는 바람은 어떻게 측정해요? · 72
계절 따라 부는 계절풍 · 74
특정 지역에서만 부는 국지풍 · 76
태풍이 다가오고 있어요 · 78
태풍에 눈이 있다고요? · 80
앗! 무시무시한 폭풍이 몰려와요 · 82
황사 바람이 불어요 · 84

4장
일기 예보와
생활 이야기

일기 예보와 생활 이야기 · 86

여러 가지 날씨 정보 · 88
생활 지수를 알면 편리해요 · 90
날씨를 그린 그림, 일기도 · 94
일기도로 보는 우리나라의 날씨 · 96
일기 예보는 어떻게 만들어요? · 100

일 년 후의 날씨도 알 수 있어요? · 104
날씨 때문에 생기는 피해를 막아요 · 108
날씨에 따라 울고 웃는 산업 · 110
날씨 지식 플러스 | 날씨를 예측하는 최첨단 기상 관측 기구 · 114

5장 기후와 계절 이야기

기후와 계절 이야기 · 116

날씨와 기후는 어떻게 달라요? · 118
기후는 우리 생활에 어떤 영향을 미쳐요? · 120
세계의 다양한 기후 · 124
우리나라는 사계절이 뚜렷해요 · 128
지구가 태양 주위를 돌기 때문에 계절이 변해요 · 132
지구의 자전축이 기울어져서 계절이 변해요 · 134
계절에 따라 기온이 달라지는 이유가 뭐예요? · 136
날씨 지식 플러스 | 계절의 변화로 나타나는 여러 가지 현상들 · 140

6장 지구 온난화와 기후 변화 이야기

지구 온난화와 기후 변화 이야기 · 142

우리나라의 기후가 점점 이상해지고 있어요 · 144
왜 기후가 변해요? · 146
이상 기후를 부르는 엘니뇨와 라니냐 · 148
기상 이변과 기후 변화 · 150
지구가 점점 더워져요 · 152

지구 온난화로 서서히 바다에 잠기는 나라, 투발루 · 156
혹독한 가뭄과 사막화 · 158
이상 폭우와 거대한 홍수 · 160
태풍이 점점 강해져요 · 162
꿀벌이 사라지고 있다고요? · 164
날씨 지식 플러스 | 우리를 놀라게 하는 이상한 기상 현상 · 166

7장
나도 지구를 구할 수 있어요

나도 지구를 구할 수 있어요 · 168

기후 변화는 우리 모두의 책임이에요 · 170
기후 변화를 막기 위한 노력 · 172
새로운 에너지가 지구를 살려요 · 174
날씨 지식 플러스 | 특명! 지구를 구하라! · 178

사진 출처 · 180
찾아보기 · 181

날씨 이야기

1장

날씨는 신비로운 요술쟁이 같아요.
어떤 날은 구름 한 점 없이 맑은가 하면,
어떤 날은 천둥과 번개가 치며 비가 오기도 하지요.
도대체 날씨는 무엇일까요?
왜 이런 날씨가 나타나는 것일까요?

1장
날씨 이야기

날씨가 뭐예요?

'오늘 날씨가 어떻지?' 아침에 일어나자마자 창문을 활짝 열고 날씨가 어떤지 살펴본 적은 없나요? 이처럼 날씨는 우리의 일상생활과 밀접하게 관련되어 있어요. 날씨는 사람의 먹을거리, 옷차림, 집 구조 등 생활의 많은 부분에 영향을 끼칠 뿐만 아니라, 사람들의 생김새, 성격, 행동에까지 크고 작은 영향을 주고 있어요.

사람뿐 아니라 지구의 모든 동물과 식물은 날씨의 영향을 받으며 살아가요. 적도에서 극지방에 이르기까지 각기 다른 모양과 독특한 성질의 동물과 식물이 분포하는 것도 지역마다 다른 특징을 나타내는 날씨의 영향이 가장 크기 때문이랍니다.

그럼 날씨란 무엇일까요? 날씨는 지구를 둘러싸고 있는 공기의 상태예요. 그날그날의 구름, 비, 바람 등이 나타나는 상태이지요. 공기는 끊임없이 움직이기 때문에 지역에 따라 덥거나 춥거나, 맑거나 비가 오는 등 날씨가 다르게 나타난답니다.

날씨는 계절에 따라 달라요. 봄에는 날씨가 따뜻하고, 여름에는 무덥고 비가 많이 와요. 가을에는 날씨가 선선해지며, 겨울에는 추워지지요.

바람, 비, 눈, 구름, 햇빛 등은 가장 기초적인 환경이자 자원이에요. 그래서 날씨는 어떻게 이용하느냐에 따라 우리의 삶을 풍요롭게 하는 쓸모 있는 정보가 될 수 있어요.

1장 날씨 이야기

날씨에 가장 큰 영향을 미치는 것은 태양이에요

날씨에 대한 모든 것은 저 태양에서부터 시작되었어요. 무슨 말이냐고요? 태양이 없었다면 아마 날씨라는 것도 없었을 거예요. 태양이 지구의 날씨를 변화시키는 가장 큰 원인이라는 말이랍니다.

태양은 지구에서 약 1억 4,960만 km나 아주 멀리 떨어져 있지만, 지구의 날씨를 변화시킬 뿐만 아니라 우리가 살아가는 데 중요한 역할을 해요. 태양이 지구에 빛을 비추어 주지 않는다면, 우리가 사는 지구는 캄캄한 어둠의 세계로 변할 거예요. 또 맑거나 흐리거나 하는 날씨 변화도 없을 거예요.

그러면 태양 에너지는 어떻게 이동하는지 알아볼까요?

태양의 내부는 *수소와 *헬륨 가스로 이루어져 있어요. 수소가 핵융합 반응을 하여 헬륨으로 변할 때 많은 양의 에너지가 방출돼요. 이 에너지를 '태양복사에너지'라고 해요. 이 에너지가 복사에 의해 전달되기 때문에 태양복사에너지라고 하지요.

태양으로부터 에너지가 나오면 그 에너지는 복사, 대류, 전도의 형태로 전달된답니다. 지구 대기권 밖에서 태양에서 나온 에너지는 복사 형태로 이동해요. 복사는 그리고 우리가 사는 지구의 날씨 변화를 일으키는 대기권 안에서는 복사와 대류로 에너지가 이동해요. 그러나 지구 내부의 암석권처럼 고체로 되어 있는 부분은 에너지가 전도로 이동되지요.

수소
모든 물질 중 가장 작고 가벼운 기체예요. 태양을 비롯한 많은 별이 이 수소로 이루어져 있어요.

헬륨
수소 다음으로 가벼운 기체예요. 지구의 공기 중에는 양이 아주 적지만, 우주에는 많이 있어요.

열전달 방법 세 가지, 복사, 대류, 전도

추운 겨울날 난로를 쬐면 그 열기로 몸이 따뜻해져요. 이렇게 중간에 전해주는 물질 없이 열이 이동하는 현상을 '복사'라고 해요. 이때 따뜻한 열은 모든 방향으로 전달되지요. 주전자에 물을 담아 가열하면 먼저 데워진 물이 위로 올라가고, 위쪽의 차가운 물은 아래로 내려오면서 전체적으로 데워져요. 이 현상을 '대류'라고 해요. '전도'는 충돌이나 접촉에 의해 에너지가 물체에 전달되는 현상이에요. 전도는 주로 금속과 같은 고체에서 잘 일어난답니다.

1장
날씨 이야기

지구를 따뜻하게 하는
태양 복사 에너지

태양 복사 에너지는 지구 대기권에 들어와 지표면을 데워요. 태양 복사 에너지와 지표면의 가열에 대하여 자세히 알아볼까요?

무더운 여름철 오후에 하얀 모래와 푸른 바다가 펼쳐진 해수욕장에 가 본 적이 있을 거예요. 모래사장에 가만히 앉아 있으면 땀이 나지만 바닷물 속에 들어가면 시원하지요? 같은 시간 동안 같은 태양 복사 에너지를 받았는데, 왜 모래 위의 온도와 바닷물 속의 온도가 다를까요?

그것은 물의 *비열이 모래의 비열보다 크기 때문이랍니다. 비열이 크면 같은 양의 태양 복사 에너지를 받더라도 온도가 덜 올라가지요.

이와 같이 지표면이 불균등하게 가열되기 때문에 대기의 움직임이 생기는 거예요. 태양 복사 에너지는 지구의 표면이 바다이든 모래사장이든 똑같이 도달하지만, 태양열을 받아 바다는 천천히 데워지고, 땅은 빨리 데워져요. 이렇게 온도가 서로 다른 공기가 생기면, 공기가 움직여서 날씨의 변화가 일어나지요.

태양이 내보낸 에너지가 우주 공간을 통해 지구의 대기를 뚫고 지표면까지 도달하여 지구를 따뜻하게 만든다는 것은 잘 알았지요? 그럼 태양 에너지가 이렇게 계속 들어오는데, 지구는 왜 펄펄 끓지 않을까요? 그것은 태양으로부터 에너지가 계속 들어와도 에너지를 받은 만큼 우주로 내보내서 지구의 온도가 일정하게 유지되기 때문이랍니다.

비열
어떤 물질 1g의 온도를 1℃ 올리는 데 필요한 열량이에요.

1장
날씨 이야기

날씨와 물의 순환

지구를 '물의 행성'이라고 부르기도 해요. 태양계에서 물이 존재하는 행성은 아직까지 지구가 유일하기 때문이에요.

지구표면에서 물이 차지하는 비율은 약 70%이며, 지표면인 땅이 차지하는 비율은 약 30%이에요. 지구 상의 물은 크게 바닷물과 육지에 있는 물로 나눌 수 있는데, 약 97%의 물은 바다에 있고 나머지 3%의 물은 육지에 있어요.

육지에 있는 물 중에서도 빙하로 얼어붙어 있는 물의 양이 전체의 약 2%이며, 우리가 일상생활에서 사용하는 물은 하천이나 호수, 지하수로 전체의 약 1%밖에 안 돼요.

그런데 이러한 물은 날씨와 밀접한 관계에 있어요. 우리 눈에 보이는 날씨는 대부분 물이 순환하는 모습이거든요. 물은 어떤 과정을 거치면서 순환하고 있는지 알아볼까요?

돌고 도는 물

지구 상의 물은 상태가 변하면서 끊임없이 순환하고 있어요.

땅과 식물, 강이나 호수, 바다 등 지구 곳곳에 있는 물은 증발하여 하늘로 올라가요. 지표면의 물이 증발되거나 지표면에 사는 식물의 잎에서 물이 증발해서 만들어진 수증기가 대기 중으로 들어가지요.

이렇게 하늘로 올라간 수증기는 기온이 점점 낮아지면 물방울로 변하게 되고, 더 높이 올라가서 기온이 더 내려가면 얼음 알갱이가 되어요. 이렇게 수증기가 높은 하늘에서 물방울이나 얼음 알갱이가 되어 모여 있는 것이 바로 구름이에요.

구름을 이루고 있는 물방울이나 얼음 알갱이들은 아주 작아요. 워낙 가볍고 작기 때문에 아래로 떨어지지 않고 공기의 흐름에 따라 이리저리 떠다니지요. 그러다가 물방울들이 서로 부딪쳐서 합쳐지거나 주변의 수증기가 달라붙어 점점 커지고 무거워지면 결국 땅으로 쏟아지게 되지요. 날씨가 추우면 눈이 되고 따뜻하면 비가 된답니다.

이렇게 수증기가 *응결하여 물방울 형태의 비나 눈이 되어 땅과 강, 바다로 떨어져요. 그리고 다시 증발하여 수증기가 되어 대기로 들어가게 되지요. 이러한 과정을 '물의 순환'이라고 해요.

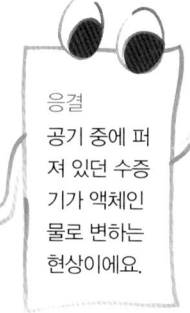

응결
공기 중에 퍼져 있던 수증기가 액체인 물로 변하는 현상이에요.

 물의 순환은 신기해!

우리가 사용하고 버린 물은 수증기가 되어 증발한 후, 응결하여 빗방울이 되어 세상 어딘가에 다시 떨어지는 것이랍니다. 이렇게 물은 돌고 돌면서 구름, 눈, 비와 같은 기상 현상으로 나타나지요. 극지방의 얼음도 천천히 녹고 다시 얼면서 순환하고 있어요. 단지 우리 눈에 보이지 않을 뿐이에요.

자연에서 물의 변화는 태양의 열에 의해 발생해요. 물의 양은 변하지 않고 상태만 달라지지요. 흐르는 물에 의해 지형이 변하거나 날씨가 변화해요. 이것은 모두 물이 순환하기 때문에 일어나는 현상이랍니다.

물의 순환

작은 물방울들이 모여 무거워지면 비나 눈이 되어 내려요.

수증기가 차가운 공기를 만나 응결하여 구름이 되어요.

강, 호수, 바다, 토양 등에서 물이 증발하여 만들어진 수증기가 위로 올라가요.

물이 흘러가면서 땅의 모습을 변화시켜요.

땅속으로 스며들어 지하수가 되어요.

물 순환의 과정, 증발과 증산

증발은 액체가 기체로 변화하는 현상이에요. 증발이 일어나려면 태양열이나 난로 같은 열에너지가 필요해요. 증산은 식물의 잎에서 물이 증발하는 현상이에요. 식물은 주로 잎 표면에 있는 기공이라는 작은 구멍을 통하여 물을 밖으로 내보내지요. 이처럼 증발과 증산은 물 순환의 한 과정이랍니다.

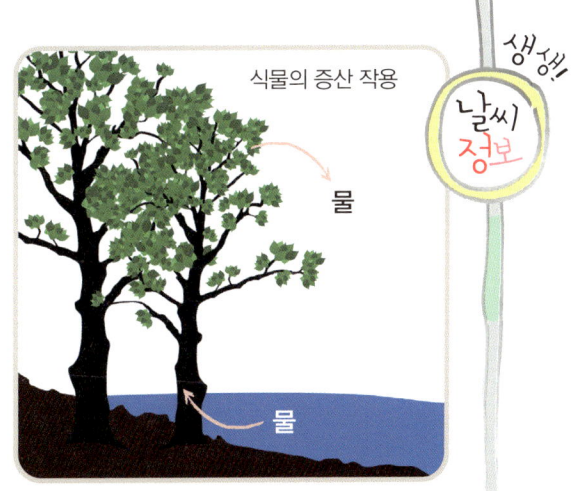

식물의 증산 작용

생생! 날씨 정보

1장
날씨 이야기

날씨에는 공기도 영향을 미쳐요

지구의 날씨를 변화시키는 데 가장 중요한 역할을 하는 것은 태양이에요. 그런데 태양 못지않게 날씨 변화를 일으키는 주인공이 있어요. 바로 대기랍니다. 대기란 지구의 바깥쪽을 덮고 있는 얇은 기체로, 공기라고도 해요.

얇은 기체층인 대기는 우리 눈에 보이지 않고 냄새도 없지만, 해로운 자외선이나 운석의 충돌을 막아 주는 보호막 역할을 해요. 또 태양에서 오는 열과 빛의 양을 조절하여 지구의 온도도 일정하게 유지시켜 주지요.

하늘에 떠 있는 별, 유유히 흘러가는 구름, 곱게 물든 저녁노을, 이 모든 자연 현상은 대기가 존재하기 때문에 볼 수 있어요. 달에서는 하늘이 밤처럼 검게 보여요. 달에는 구름도 없고 비나 눈도 내리지 않아요. 바로 대기가 없기 때문이랍니다.

층층이 다른 대기권

대기는 질소와 산소, 아르곤, 이산화탄소, 그 외 소량의 가스로 이루어져 있어요. 대기층의 두께는 수백 km이지만, 공기의 대부분은 땅 위에서 30km 이내에 있답니다.

지구의 대기권은 지구 표면에서부터 대류권, 성층권, 중간권, 열권의 구조로 되어 있어요.

지구의 방패, 대기권의 구조

대기권의 맨 아래에 있는 대류권은 약 10~15km 높이까지로, 위로 100m 올라갈 때마다 약 0.65℃씩 기온이 내려가요. 대류권에서는 대류 현상이 일어나요. 지표면 근처의 따뜻한 공기는 가벼워서 위로 올라가려고 하고, 상층의 찬 공기는 무거워서 아래로 내려오려고 하기 때문이에요. 대류권에는 수증기가 있기 때문에 비나 눈이 오는 기상 현상이 생기기도 해요.

성층권의 높이는 약 50km까지예요. 성층권은 대기가 안정적이어서 대류 운동이 없어요. 또한 비나 눈 등의 기상 현상이 없어서 비행기가 지나는 길로

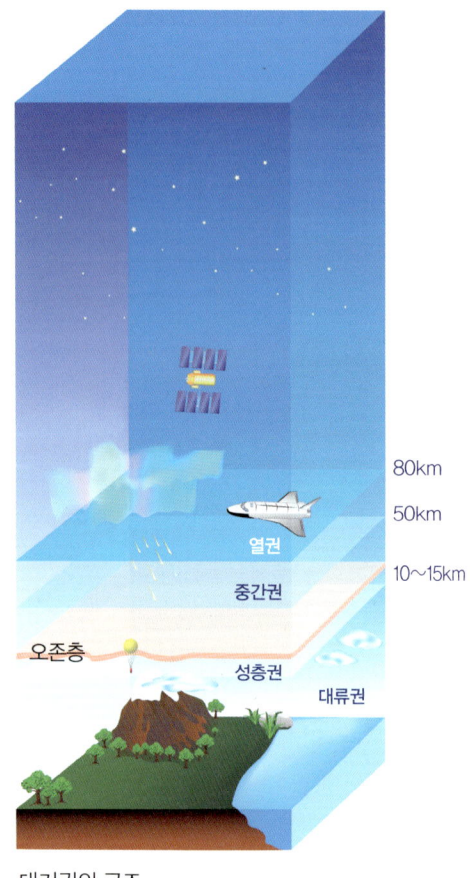

대기권의 구조

이용되지요. 성층권의 아랫부분은 높이에 따라 온도가 변하지 않지만, 윗부분은 높이에 따라 기온이 올라가요. 또한 성층권에는 태양의 자외선을 흡수하는 오존층도 있어요.

중간권의 높이는 약 80km까지이며, 위로 올라갈수록 기온이 낮아져요. 약한 대류 현상은 있지만 수증기가 없어서 기상 현상은 일어나지 않아요.

열권은 80km 이상의 구간으로, 열권에 있는 질소나 산소가 자외선을 흡수하여 아주 뜨거워요. 둥근 활이나 구름 또는 줄무늬 모양의 빛이 나

는 오로라 현상이 나타나기도 해요. 또 우주 왕복선, 국제 우주 정거장 등의 공전 궤도가 열권 영역에 있답니다.

열권에서 나타나는 아름다운 오로라

오로라는 우주 공간에서 날아온 전기를 띤 입자가 공기 중의 산소 분자와 충돌해서 빛을 내는 현상이야.

원시 지구의 대기 형성과 변화

지구가 탄생한 46억 년 전에 대기는 태양처럼 수소나 헬륨과 같은 기체로 둘러싸여 있었으며, 표면이 아주 뜨거웠을 거예요. 그 후 화산 폭발과 같은 과정을 통해 지구 내부로부터 뿜어져 나온 이산화탄소, 수증기, 메테인, 암모니아로 원시 지구의 대기가 형성되었어요. 이러한 원시 대기의 성분을 오늘날처럼 바꾼 것이 바로 태양이에요. 태양은 수증기를 산소와 수소로 분리시켰는데, 무게가 가벼운 수소는 우주 공간으로 빠져나가고 산소는 지구에 남았어요. 이후 산소량은 더욱 증가하고, 산소와 메테인에서 이산화탄소와 물, 암모니아에서 질소가 만들어져 지금과 같은 대기가 형성되었어요.

생생! 날씨 정보

1장
날씨 이야기

기온은 시간과 장소에 따라 달라져요

"오늘은 날씨가 추우니 긴 소매 옷을 입으렴."

날씨가 어느 정도 추운지 알려면 어떻게 해야 할까요? 날씨가 춥고 더운 것은 공기의 온도로 알 수 있어요.

우리를 둘러싸고 있는 공기의 온도를 '기온'이라고 해요. 기온이 높으면 따뜻하거나 덥고, 기온이 낮으면 시원하거나 춥지요.

기온을 알려 주는 온도계

기온이 어느 정도인지 알려면 어떻게 해야 할까요? 일반적으로 기온을 알기 위하여 온도계를 사용해요.

차고 따뜻한 정도를 수치로 나타낸 것을 '온도'라고 하고, 이 온도를 재는 기구를 '온도계'라고 해요. 온도계는 눈금이 새겨진 관 속에 들어 있는 액체에 의해 온도를 측정해요.

온도계는 가늘고 긴 유리 막대처럼 생겼으며 눈금과 붉은 기둥이 있어요. 온도계를 손으로 잡을 때에는 윗부분을 잡아야 해요. 온도계의 동그란 부분을 만지면 체온 때문에 온도가 올라가거든요. 그리고 온도계의 눈금을 읽을 때에는 20~30cm 정도 떨어진 곳에서 읽는 것이 좋아요. 붉은 기둥의 가장 윗부분과 눈금이 일치하는 지점에 눈의 높이가 수평이 되도록 맞추고, 눈금의 숫자를 읽어요.

온도계 읽는 방법

위에서 내려다보면 실제 기온보다 높게 보여요.

붉은 기둥의 윗부분과 눈의 높이가 수평이 되도록 해요.

아래에서 올려다보면 실제 기온보다 낮게 보여요.

기온이 올라가는 것은 태양 때문이야. 태양 에너지가 지표면을 데우고, 지표면이 데워지면 그 위에 있는 공기도 따라서 데워져서, 기온이 올라가는 거야.

태양은 널 싫어할걸.

난 태양이 좋아. 태양이 좋아.

쿵짝~

시간에 따라 기온이 달라!

아침에는 서늘했는데, 낮에는 더워서 땀을 흘려 본 적이 있지요?

기온은 매일 달라지기도 하지만 하루 동안에도 달라져요. 하루 동안의 기온의 변화는 태양의 위치와 관련이 있어요.

기온은 이른 아침에는 낮았다가, 해가 높이 떠 있는 한낮에는 높아지고 저녁이 되면 다시 낮아져요.

지표면은 태양의 열을 흡수하여 공기를 데워요. 그래서 지표면의 온도는 태양이 지면서 식기 시작해서 태양이 뜨기 직전인 새벽에 가장 낮아요. 그리고 태양의 고도(태양이 뜨면서 태양이 지구에 빛을 비추는 각도)가 점차 높아짐에 따라 다시 올라가기 시작해요. 오후 2~3시경이 되면 하루 중 가장 높은 온도에 이르게 되지요. 이렇게 기온은 하루 동안에도 끊임없이 변하고 있답니다.

태양의 고도가 높을수록 지표면은 태양으로부터 더 많은 열을 받게 되어요. 그렇다면 태양의 고도가 가장 높은 시간인 12시경에 온도가 가장 높아야겠지요. 하지만 오후 2~3시경에 지표면의 온도가 가장 높아요. 이것은 지표면이 데워지는 데까지 2~3시간 정도가 걸리기 때문이랍니다.

장소에 따라 기온이 달라!

장소에 따라 기온은 어떻게 다를까요? 어느 곳의 기온이 높고 어느 곳의 기온이 낮을까요?

교실과 같은 실내에서는 바닥 쪽보다 천장 쪽의 기온이 높아요. 이것은 공기의 온도가 높아지면 가벼워져서 위로 올라가기 때문이에요.

실외에서는 해가 비치지 않는 그늘보다 해가 비치는 곳의 기온이 높아요. 그 이유는 해가 비치는 곳의 태양열이 뜨겁기 때문이에요. 또 지표면에 가까울수록 기온이 높은데, 그 이유는 지표면 또한 태양열을 흡수하여 가까운 곳의 공기를 데우기 때문이랍니다.

지표면으로부터 약 10~15km까지는 높이가 증가함에 따라 100m마다 약 0.65℃씩 공기의 온도가 낮아져요. 그래서 높이 올라갈수록 기온이 낮아져요. 바람도 기온을 낮추는 역할을 해요. 바람은 지표면의 열을 빼앗아 기온을 낮추지요. 이처럼 기온은 시간에 따라 다르고 장소에 따라 다르고, 같은 장소에서도 높이에 따라 다르지요. 또 바람의 정도에 따라서도 다르므로 정확한 기온을 재기 위해서는 특별한 측정 장소가 필요해요. 그곳이 바로 백엽상이랍니다.

정확한 온도를 잴 수 있는 백엽상

잔디 위의 작고 하얀 집을 본 적이 있나요? 바로 백엽상이에요. 백엽상은 햇볕을 잘 흡수하지 않도록 하얀 페인트칠을 하고 통풍이 잘 되도록 만들었어요.

백엽상 안에는 기온과 습도를 측정하는 기기가 들어 있어서 현재 기온, 그날의 최고 기온과 최저 기온, 습도를 관측할 수 있어요. 백엽상이라는 이름은 약 100개의 판자 조각을 조립해서 사방의 벽을 만들었다는 데에서 붙여졌답니다.

기상 관측용 기기가 들어 있는 백엽상

구름, 비, 눈 이야기

2장

하늘에 구름이 둥둥 떠 있어요.
구름은 어떻게 만들어질까요?
비가 주룩주룩 내려요.
비는 어떻게 만들어지는 걸까요?
또 겨울에는 왜 비가 오지 않고 눈이 내릴까요?
구름, 비, 눈 이야기를 같이 알아보아요.

난 구름 낀 날이 좋아.

난 눈 오는 날이 좋아.

난 비 오는 날이 좋아.

2장
구름, 비, 눈
이야기

구름은 어떻게 만들어져요?

하늘을 가만히 올려다보세요. 하늘에 떠 있는 구름이 보이나요? 구름을 보면서 구름이 어떻게 만들어지는지 생각해 본 적 있나요?

구름은 수증기가 높은 하늘에서 응결하여 작은 물방울 상태로 떠 있는 것이에요. 응결이란 수증기가 한데 엉겨 작은 물방울이 되는 현상을 말해요.

구름이 만들어지려면 물이 증발하여 생긴 수증기가 하늘로 높이 올라가야 해요. 바다, 호수, 강, 습기가 많은 땅, 식물 등에서 수증기가 증발하지요. 수증기를 포함한 공기 덩어리가 하늘 높이 올라가면 주변 공기의 기압이 낮아지고 공기 덩어리가 점점 팽창해요. 이 공기 덩어리가 팽창하는데 에너지가 사용되어 공기 덩어리의 온도가 낮아지면, 수증기가 한데 엉겨 물방울로 변해요. 이렇게 만들어진 물방울이 모여서 이루어진 덩어리가 바로 구름이에요.

수증기가 물방울로 바뀌는 현상, 즉 응결이 시작되는 온도를 '이슬점'이라고 해요. 그러나 수증기만 모여서는 응결 현상이 일어날 수 없어요. 아주 작은 먼지나 그을음 같은 알갱이들이 수증기를 끌어당겨 물방울이 될 수 있게 도와주어야 해요. 이것을 '응결핵'이라고 하지요.

그런데 물방울로 이루어진 구름은 어떻게 땅으로 떨어지지 않고 하늘에 둥둥 떠 있을 수 있을까요? 그것은 구름을 이루는 알갱이의 크기가 매우 작고 가볍기 때문이에요.

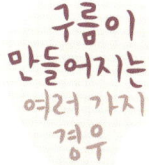
구름이 만들어지는 여러 가지 경우

햇볕이 땅을 데워 땅 위의 공기가 따뜻해져요. 이 공기가 위로 올라갈 때 구름이 만들어져요.

바람이 불어 공기가 높은 언덕이나 산비탈을 따라 올라갈 때 구름이 만들어져요.

공기 덩어리가 다른 공기 덩어리와 부딪쳐 위로 올라갈 때 구름이 만들어져요.

찬 공기 덩어리가 따뜻하고 가벼운 공기 덩어리를 위로 밀어 올릴 때 구름이 만들어져요.

2장 구름, 비, 눈 이야기

구름은 색깔이 왜 다 달라요?

하늘에 떠 있는 구름의 색깔은 가지각색이에요. 날씨가 맑을 때에는 구름의 색깔이 대체로 하얗지만, 비가 올 때에는 짙은 회색이거나 검은색이에요. 구름의 색깔은 왜 이렇게 다를까요? 그것은 햇빛의 *산란과 구름의 두께 때문이에요. 하얗게 보이는 구름은 상대적으로 얇은 구름으로 태양 복사 에너지를 산란시켜요. 그러나 물방울이 많은 두꺼운 구름은 햇빛이 통과하기 어려워서 시커먼 먹구름으로 보인답니다.

그럼, 하늘에는 얼마나 많은 구름이 있을까요? 하늘에 구름이 얼마나 많이 있는지 나타낼 때에는 '구름양' 또는 '운량'을 사용해요. 구름양은 측정하는 기계를 만들기 어려워서 대부분 사람의 눈으로 측정하지요.

구름양은 구름이 전혀 없이 파란 하늘만 보이면 0, 하늘이 온통 구름으로 가득 차 있을 때는 10으로 표시해요. 즉, 구름 한 점 없이 맑은 날은 구름양이 0이고, 구름이 온 하늘을 뒤덮은 날은 구름양이 10이에요.

산란
빛이 원자나 분자 등에 충돌하여, 빛의 진행 방향이 바뀌거나 흩어지는 현상이에요.

맑은 날의 하얀 구름

비가 올 때의 회색 구름

구름을 사랑한 과학자, 루크 하워드

루크 하워드는 영국 런던에서 태어나 약국에서 제약사로 일했어요. 하지만 어려서부터 날씨와 구름에 관심이 많았던 루크 하워드는 매일 하늘을 보며 날씨 일기를 썼어요. 일기에는 다양한 구름의 모습을 그림으로 그려 넣었지요. 1802년에 《구름에 관하여》라는 책에서 여러 가지 구름에 적운, 층운, 권운 등으로 이름을 붙여 주었어요. 이러한 구름 분류법은 나중에 여러 가지 다양한 모양의 구름을 과학적으로 분류하는 기초가 되었답니다.

루크 하워드
(1772~1864년)

2장
구름, 비, 눈
이야기

안개와 구름은 뭐가 달라요?

이른 새벽 바로 몇 미터 앞도 보이지 않을 만큼 자욱하게 안개가 끼어 있을 때가 있어요. 강물 위로도 안개가 짙게 끼어 있기도 하지요.

안개는 수증기가 응결되어 공기 중에 떠 있는 작은 물방울들이에요. 그럼 안개는 구름과 어떤 점이 다른 것일까요?

안개와 구름의 차이는 떠 있는 위치에 있어요. 높은 하늘에 떠 있으면 구름이라고 하고, 땅 표면의 근처에 떠 있으면 안개라고 하거든요. 이처럼 물방울이 만들어진 높이에 따라 낮은 곳에서 생긴 것은 안개, 높은 곳에서 생긴 것은 구름으로 나뉘지요.

위성으로 찍은 짙게 낀 안개

또 안개와 구름은 지형이나 보는 사람의 위치에 따라 달라져요. 산허리에 있는 구름은 땅 위에서 보면 구름이지만, 그 산속에 있는 사람에게는 안개가 되지요.

안개가 만들어지는 과정은 구름이 만들어지는 과정과 비슷해요. 안개도 구름과 마찬가지로 수증기가 응결되어 생긴 물방울들로 이루어지거든요.

2장
구름, 비, 눈
이야기

안개는 언제 생겨요?

안개는 온도 변화가 심하고 하천, 호수, 바다 등과 같이 수증기를 만들 수 있는 곳에 잘 생겨요. 또 비가 내린 뒤에 공기 중에 수증기가 많을 때에도 생기지요.

즉, 안개는 대기 중에 수증기가 많고 물방울을 만드는 응결핵과 같은 물질이 있으며, 공기가 차가워질 때 잘 생겨요. 그래서 안개는 날씨가 맑고 바람이 약하며 대기의 온도가 내려가는 밤에 주로 만들어지지요.

이렇게 만들어진 안개는 해가 뜨고 온도가 올라가면 작은 물방울이 없어지면서 날씨가 맑아지지요.

안개 낀 호수나 공원의 풍경은 아름다워요. 하지만 안개는 무시무시한 피해를 줄 때도 있어요.

산업이 발달하고 교통량이 늘어나면서 안개로 인한 피해도 커지고 있어요. 안개가 발생하면 안개의 피해를 입지 않도록 조심해야 해요.

특히 안개가 많이 발생하는 '안개 다발 지역'에서는 조심해서 다녀야 해요. 또한 등산을 하다가 짙은 안개가 끼면 길을 잃을 수 있으므로 안개가 끼기 시작하면 산을 내려오거나 가까운 대피소로 피해야 해요. 기상청에서는 육지나 바다 위에서 안개가 생길 것이 예상될 때 일기 예보에 안개 예보를 포함하여 발표한답니다.

안개는 기후나 지형에 의해 자연적으로 생기지만, 공기 중에 먼지의 양이 늘어나서 생기는 경우도 있어요. 도시 지역에는 자동차의 배기가스나 공장에서 내뿜는 연기 등 대기 속의 오염 물질이 많이 생기지요. 이러한 오염 물질이 공기 중의 수증기와 한데 엉겨요. 이렇게 도시 지역에서 안개는 해로운 매연과 섞여 스모그 현상으로 나타난답니다.

스모그로 뿌옇게 보이는 도시

안개가 껴서 앞이 안 보여.

이건 안개가 아니라 스모그야.

땅 위에 생기는 복사 안개
낮에 태양열로 데워진 땅과 공기가 밤에 차가워지면서 만들어져요. 날씨가 맑고 바람이 약한 날 밤에 많이 생겨요.

산등성이에 생기는 활승 안개
습기를 많이 머금은 따뜻한 공기 덩어리가 산비탈을 따라 올라가면서 차가워져서 만들어져요.

안개의 종류

바다에 생기는 이류 안개
따뜻하고 습기가 많은 공기가 땅 표면이 차가운 지역을 지나면서 공기의 아랫부분이 차가워져서 만들어져요.

전선면에서 만들어지는 전선 안개
차가운 공기와 따뜻한 공기가 만나는 전선을 따라 만들어져요. 전선면에서 만들어진 빗방울이 떨어지면서 증발되어 생겨요.

안개는 생기는 곳에 따라 이름이 달라.

2장
구름, 비, 눈
이야기

이슬과 서리는 어떻게 달라요?

이른 아침 풀잎에 작은 물방울들이 방울방울 맺혀 있는 것을 본 적이 있나요? 밤에 비가 온 것도 아닌데 이상하다고 생각하지는 않았나요? 그것은 비가 온 것이 아니라 이슬이 맺혀 있었던 것이에요.

새벽에 차가워진 풀잎이나 꽃잎, 나뭇가지, 땅 위의 물체 등에 맺힌 물방울을 '이슬'이라고 해요. 맑은 날 새벽에 공기의 온도가 내려가면 이슬을 많이 볼 수 있답니다. 이슬은 어떻게 만들어질까요?

밤에는 해가 비치지 않기 때문에 땅의 온도가 점점 내려가기 시작해요. 나무와 풀 등 식물의 온도도 내려가지요. 특히 구름이 없는 밤에는 땅의 열이 쉽게 빠져나가서 온도가 더 빨리 내려가게 돼요. 구름이 있으면 복사된 열을 다시 흡수하거나 반사해서 땅이 차가워지는 속도가 느려지거든요.

그러다가 새벽이 되면 땅과 식물이 차가워지면서 주위의 공기도 함께 차가워져요. 차가워진 공기는 따뜻한 공기보다 수증기를 적게 담아요. 이때 공기가 더 차가워져서 공기가 수증기를 더 이상 담을 수 없게 되면, 수증기는 가까이 있는 물체의 표면에 뭉쳐서 작은 물방울을 이루게 되지요. 이것이 바로 이슬이에요.

그럼, 서리는 무엇일까요? 서리도 만들어지는 원리는 이슬과 같아요. 서리도 대기 중의 수증기가 땅이나 물체에 붙어 있는 것이거든요. 단, 얼어붙어 있다는 것이 다르지요. 서리를 자세히 들여다보면 비늘 모양, 바늘 모양, 새털 모양, 부채 모양 등을 하고 있어요.

　서리는 춥고, 낮과 밤의 온도 차이가 큰 날에 많이 생기는데, 이런 날은 농작물이 얼어 피해가 생긴답니다. 또한 도로에 얼음이 생겨 미끄러우니 자동차를 운전할 때도 조심해야 해요.

2장
구름, 비, 눈 이야기

비는 어떻게 만들어져요?

하늘을 쳐다보니 먹구름이 떠 있고 날씨가 잔뜩 흐렸어요. 금방이라도 비가 쏟아질 것 같아요. 하지만 날씨가 흐리다고 해서 반드시 비가 오는 것은 아니에요. 그렇다면 비는 어떻게 만들어지는 것일까요?

태양열로 증발된 수증기는 하늘로 올라가 물방울이 되어요. 물방울은 먼지, 화학 물질로 이루어진 응결핵에 달라붙어 만들어지는데, 이 덩어리가 커져서 구름이 되지요. 구름은 작은 물방울들이에요. 이 작은 물방울들이 서로 부딪치면서 뭉치게 되면 점점 커져서 무거워져요. 그러다가 더 이상 공중에 떠 있지 못하고 아래로 떨어지게 되지요. 이게 바로 비예요.

비가 만들어지는 과정을 설명하는 이론에는 '빙정설'과 '병합설'이 있어요. 우리나라와 같은 온대 지방에서 비가 만들어지는 과정을 설명해 주는 이론은 빙정설이에요. 빙정설은 0℃ 이하의 구름 속에 물방울과 얼음 알갱이가 함께 있을 때, 얼음 알갱이가 물방울을 빨아들이면서 비나 눈이 내린다는 이론이에요. 얼음 알갱이는 고체이므로 *분자들이 단단히 결합되어 움직이지 못하지만 물방울의 분자들은 자유롭기 때문에 얼음 알갱이 쪽으로 이동하여 얼음 알갱이가 커지지요.

이에 비해 병합설은 열대 지방에 적용돼요. 구름 속에서 만들어지는 물방울은 크기가 여러 가지인데, 큰 물방울이 작은 물방울보다 빨리 떨어지면서 합쳐져서 비가 된다는 것이에요.

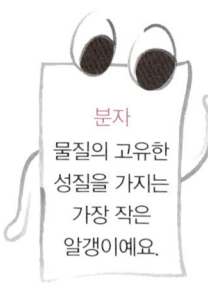

분자
물질의 고유한 성질을 가지는 가장 작은 알갱이예요.

2장
구름, 비, 눈
이야기

강수량과 강우량이
헷갈려요!

'비' 하면 꼭 따라오는 말이 있어요. 바로 강수량과 강우량이에요. 이 두 말은 서로 비슷해서 헷갈릴 때가 많아요. 이 둘은 어떻게 다른 것일까요?

우선 강수량과 강우량이 어떤 한자를 쓰는지 생각하면 헷갈리지 않을 거예요. 강수량의 '수(水)'는 물을 나타내고, 강우량의 '우(雨)'는 비를 나타내거든요. 어때요, 쉽지요?

강수량은 비나 눈, 우박, 서리, 안개 등과 같이 땅에 떨어져 내린 물의 전체 양을 말해요. 어느 일정한 기간 동안 일정한 곳에 내린 비나 눈 등이 땅 위에 떨어진 양이지요. 비나 눈 등이 증발되거나 흘러가거나 스며들지 않고, 땅 표면에 고여 있는 물의 깊이를 측정해요. 우박이나 눈, 싸락눈 등 얼음인 경우에는 이것을 녹인 물의 깊이를 측정한답니다.

이에 비해 강우량은 순수하게 비만 내린 것을 측정한 값을 말해요. 비가 내린 양만을 말할 때 '강우량'이라고 하는 거예요. 눈만 따로 말할 때는 '강설량'이라고 하지요. 강우량, 강설량 등을 통틀어서 강수량이라고 하는 것이고요. 모두 단위는 mm로 표시하지요.

우리나라 기상청에서는 비의 양을 잴 때 전도형 자기 우량계를 사용해요. 이 우량계에 빗물이 들어가면 삼각형 모양의 물받이에 물이 고여요. 물받이에 물이 가득 채워지면 한쪽으로 기울면서 스위치를 누르지요. 그러면 전기 신호가 기록 장치에 전달되어 빗물의 양이 기록된답니다.

기상청에서 사용하고 있는 전도형 자기 우량계

1mm 단위로 비의 양을 잴 수 있는 250mm 우량계

조선 세종 때 강우량을 측정한 측우기

걸을 때와 뛸 때 중 언제 비를 덜 맞을까?

뛰거나 걷거나 비를 맞는 양은 똑같답니다. 뛰어갈 때는 비를 비스듬하게 맞고, 걸어갈 때는 비를 수직으로 맞아요. 비를 맞는 각도만 다를 뿐, 맞는 빗방울의 양은 같기 때문이지요. 그러나 뛰어가면 목적지에 그만큼 빨리 도착하니까 비를 맞는 시간은 줄어들겠지요?
그래서 목적지까지 갈 때 맞는 비의 양은 목적지에 더 빨리 도착하는 뛸 때가 더 적답니다.

생생! 날씨 정보

2장
구름, 비, 눈 이야기

사람이 만든 비, 인공 강우

항공기를 이용하여 구름의 씨를 뿌리는 모습

문명이 발달함에 따라 첨단 과학 기술을 통해 자연 현상을 이겨 내려는 노력이 계속되고 있어요. 그중의 하나가 인간의 마음대로 비를 조절하는 것이에요. 옛날에는 비가 내리지 않으면 하늘에 제사를 지냈지만, 오늘날에는 인공적으로 비를 내리게 할 수 있어요. 이렇게 사람이 구름의 씨를 뿌려서 구름의 성질을 변화시켜 인공적으로 비를 내리게 하는 것을 '인공 강우'라고 해요. 인공 강우에 쓰이는 구름의 씨에는 이산화탄소로 만든 드라이아이스, 염소와 칼륨으로 이루어진 화합물인 염화칼륨, 얼음 결정과 비슷한 구조를 가진 아이오딘화은 등이 있어요.

구름의 씨를 뿌리기 위해서는 항공기로 뿌리는 방법과 산 아래에서 아이오딘화은을 실은 로켓을 구름 속으로 쏘아 올리는 방법, 땅 위의 발전 시설을 동원하는 방법 등을 사용해요. 대기 상태와 구름의 종류에 따라 알맞은 방법을 사용하지요.

1946년 미국에서 인공 강우 실험이 성공한 뒤 세계 여러 나라에서 이 실험을 계속하고 있어요. 비용이 많이 들고 아직 실생활에 큰 도움이 되지는 않지만, 이 연구는 계속될 거예요.

인공 강우의 원리

로켓을 쏘는 방법
땅 위의 발전 시설이나 로켓을 쏘아 구름의 씨를 뿌려요.
뿌려진 알갱이 주위에 미세한 수분 알갱이가 달라붙어요.

항공기로 뿌리는 방법
항공기가 하늘에서 드라이아이스 등 구름의 씨를 뿌려요.
무거워진 알갱이들이 떨어지면서 빗방울이 되어요.

49

2장
구름, 비, 눈
이야기

가뭄과 장마

비는 내리는 때와 장소가 고르지 않아요. 어떤 곳에서는 비가 거의 내리지 않기도 하고, 어떤 곳에서는 비가 너무 많이 내리기도 해요. 비가 오랫동안 거의 내리지 않는 날씨를 '가뭄'이라고 하고, 여름철에 여러 날 계속 비가 내리는 날씨를 '장마'라고 해요.

비야, 제발 내려라

가뭄이 심하면 먹을 물뿐만 아니라 공업이나 농업에 필요한 물이 부족해져요. 그러면 공장의 기계를 돌릴 수 없으며 농작물이 말라 죽게 되어 식량이 부족해지고, 물이 오염되지요. 그래서 많은 사람들이 굶어 죽거나 병에 걸려서 죽어요. 세계 여러 곳에서 가뭄이 발생하지만 가뭄으로 가장 큰 피해를 입은 지역은 아프리카예요. 아프리카 지역에서는 1980년대 발생한 가뭄으로 많은 사람들이 목숨을 잃기도 했어요.

가뭄으로 말라 버린 땅

우리나라에서 가뭄은 주로 농사철에 발생하는데, 장마를 몰고 오는 장마 전선이 너무 일찍 북쪽으로 올라가서 더위가 계속되거나 건조한 북서풍이 불어 비가 오지 않을 때 생기지요.

또 우리나라는 드물게 겨울에도 가뭄이 발생해요. 겨울 가뭄은 우리나라 1년 강수량의 대부분이 여름철에 집중되어 겨울철에는 강수량이 적기 때문에 생겨요. 이렇게 가뭄이 들면 옛날 사람들은 비를 내려 달라고 하늘에 빌었지만, 요즘은 댐이나 저수지를 만들어 가뭄에 대비해요.

지루한 비, 장마

여름이 되면 비가 지루하게 계속 내리는 기간이 있어요. 바로 장마이지요. 중국과 일본에서는 장마를 각각 '메이유', '바이우'라고 하는데, 부르는 이름만 다를 뿐 한자는 매우(梅 매실나무 매, 雨 비 우)로 똑같아요. 중국과 일본에서 장마를 뜻하는 단어에 '매(梅)' 자를 쓰는 이유는 장마가 매실이 익을 무렵인 5월 말에서 6월 사이에 오기 때문이에요.

우리나라의 장마는 보통 6월 말에서 7월 말에 걸쳐 계속돼요. 우리나라의 여름철 날씨를 좌우하는 무덥고 습한 북태평양 고기압은 겨울 동안

장맛비 속에서 길을 재촉하는 사람들

멀리 미국의 하와이 방면으로 물러나 있어요. 그러다가 여름이 가까워지면 점차 세력을 넓혀 6월 하순쯤에 우리나라 남쪽 바다 위에 나타나요.

우리나라는 6월로 접어들면서 일본의 오호츠크 해 부근에서 기압이 높은 공기 덩어리가 점점 커져 차갑고 습한 오호츠크 해 고기압이 생겨요. 오호츠크 해 고기압은 이미 북태평양 동부에서 발달해 우리나라에 영향을 미치던 북태평양 고기압과 만나지요. 이때 두 고기압 사이에 공기 덩어리의 경계 지역인 *전선이 생기게 된답니다.

이 전선은 이동하지 않고 머무르는 성질이 있는데, 이 전선을 따라 생긴 저기압이 서쪽에서 동쪽으로 움직여요. 이 전선이 장마를 몰고 오기 때문에 보통 '장마 전선'이라고 하지요.

이때 장마 전선에 해당되는 지역은 비가 많이 내려요. 또 장마 전선의 남쪽 지역은 덥고, 북쪽 지역은 시원하고 맑은 날이 되지요. 하지만 이런 날씨가 오랫동안 계속되는 것은 아니에요. 장마 전선이 태풍과 만나게 되면 장대비를 퍼부어 홍수가 나기도 해요.

전선
성질이 다른 두 기단의 경계면이 지표면과 만나는 선이에요.

신이시여, 비를 내려 주세요

날씨의 영향을 많이 받는 농업이 주요한 경제 수단이었던 시대에는 비가 매우 중요했어요. 비가 오지 않으면 큰일이 났지요. 농부는 농사를 지을 수가 없었고, 저수지가 메말라 먹을 물도 모자랐답니다. 이때 우리 조상들은 비를 기원하는 기우제를 지냈는데, 기우제를 지내면 신기하게도 종종 비가 내리기도 했다고 해요. 우리나라뿐만 아니라 다른 나라에도 비슷한 풍습이 있었어요. 인도에서는 개구리나 뱀에게 물을 뿌렸고, 중국에서는 비를 지배한다는 용에게 제사를 지냈어요.

2장
구름, 비, 눈
이야기

무지개는 왜 나타나요?

여름철 소나기가 내린 뒤에 햇빛이 나면, 하늘 위로 떠오르는 일곱 색깔의 고운 무지개. 이 고운 무지개는 어떻게 만들어지는 것일까요?

무지개는 공기 속에 있는 물방울과 햇빛이 만들어 내는 아름다운 현상이에요. 공기 속에 떠 있는 작은 물방울이 햇빛을 받아 빛이 분산되어 나타나는 것이지요. 햇빛은 우리 눈으로 보기에 색이 없어 보이지만, 실제로는 여러 가지 빛깔이 섞여 있어요. 빛의 방향을 바꾸는 도구로 쓰이는 프리즘을 통해 보면 여러 색깔로 나뉘어요. 빛이 프리즘을 통과하면서 색깔에 따라 꺾이는 각도가 다르기 때문이에요. 빨간색은 조금 꺾이고 보라색은 많이 꺾이지요.

무지개가 만들어지는 원리도 빛을 프리즘에 통과시키는 것과 같아요. 소나기가 지나간 대기 중에는 물방울이 많아져요. 이 물방울이 프리즘의 역할을 하지요. 햇빛이 이 물방울을 통과할 때 햇빛의 방향이 꺾이고 흩어져요. 이때 햇빛이 꺾이는 정도에 따라 햇빛의 색깔이 다르게 나타나지요. 즉, 햇빛이 공기 중의 물방울을 통과할 때 분산되면서 여러 가지 색으로 나뉘어 무지개를 볼 수 있게 되는 것이랍니다. 보통은 하나의 무지개를 볼 수 있지만, 또 하나의 무지개를 볼 수도 있어요. 두 개가 한꺼번에 뜨는 무지개를 쌍무지개라고 하지요.

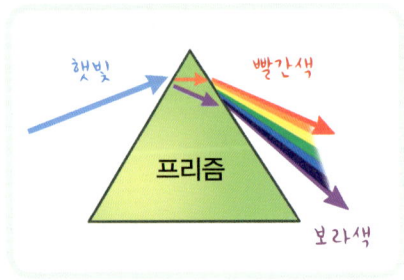

프리즘을 통과하는 빛

2장
구름, 비, 눈
이야기

무지개 색깔은 나라마다 달라요?

무지개는 몇 가지 색깔일까요? '빨주노초파남보.' 우리는 무지개가 빨강, 주황, 노랑, 초록, 파랑, 남색, 보라, 일곱 색깔이라고 알고 있지요.

하지만 무지개 색깔은 나라마다 달라요. 지금은 일곱 색깔이라고 말하지만, 옛날 우리나라에서는 오색 무지개라고 했어요. 미국에서는 남색을 제외한 여섯 가지 색깔, 멕시코 원주민인 마야 인은 검은색, 하얀색, 빨간색, 노란색, 파란색 다섯 가지 색깔, 아프리카 사람들은 두세 가지 색깔로 무지개가 이루어졌다고 말하지요. 도대체 무지개는 몇 가지 색깔로 되어 있는 것일까요?

사실 무지개의 색깔은 몇 가지냐 하면……. 놀라지 마세요. 무려 134~207색까지 구분할 수 있다고 해요. 이렇게 무지개 색깔이 많은데, 왜 우리는 무지개 색깔을 일곱 가지로만 나눈 것일까요?

여러 가지로 생각해 볼 수 있겠지만, 옛날 사람들이 하늘에 나타나는 신비로운 무지개를 신성한 것으로 생각했다는 데에서 그 이유를 찾을 수 있어요. 그래서 무지개의 색깔도 별이나 신을 나타내는 성스러운 숫자 7과 관련지은 것일지도 모른다고 미루어 짐작하고 있답니다.

요즘에는 무지개를 잘 볼 수 없어요. 특히 도시 지역에서 무지개를 보기가 더 힘든데, 그것은 도시의 공기 중에 오염된 물질이 많기 때문이에요. 도시의 공기가 맑아진다면 예쁘고 둥근 무지개를 자주 볼 수 있겠지요?

무지개는 햇빛이 공기 중의 작은 물방울에 부딪혀 굴절되고, 물방울 속에서 여러 번 반사되면서 나타나는 거야. 그래서 폭포 근처에서도 무지개를 자주 볼 수 있지.

폭포 근처에 뜬 무지개

무지개의 색깔을 정한 뉴턴

무지개가 여러 가지 색으로 되어 있다고 처음 주장한 사람은 뉴턴이에요. 뉴턴은 빛의 성질을 연구하던 어느 날, 창문을 통해 들어오던 가느다란 빛줄기를 프리즘에 통과시키고 그 빛이 여러 가지 색깔로 나누어진 것을 보았어요. 그 후 뉴턴은 무지개의 색깔을 일곱 가지로 정했지요. 그 당시 7을 신성하고 행운을 가져다주는 숫자로 여겼던 영향을 받은 것으로 추측하고 있어요.

뉴턴
(1642~1727년)

생생! 날씨 인물

2장
구름, 비, 눈
이야기

겨울에는 왜 눈이 와요?

하늘에서 하얀 눈이 내리면 온 세상이 새하얘져요. 여러분은 눈 오는 날을 좋아하나요? 눈은 기온이 영하로 내려갈 때 내려요. 그래서 겨울에 내리는 거예요. 눈은 어떻게 만들어질까요?

펄펄 눈이 만들어지는 과정

눈은 비처럼 구름 알갱이가 모여서 만들어지기는 하지만, 비와는 달라요. 구름을 이루고 있는 물방울들은 온도가 낮아지면 얼음 알갱이가 되어요. 이 얼음 알갱이에 수증기가 달라붙으면 점점 커지지요. 그러다가 무거워져서 땅으로 떨어지면 눈이 되는 거예요.

눈송이는 얼음 알갱이가 얼마나 달라붙어 있는지에 따라 크기와 모양이 달라져요. 눈 결정은 보통 2mm 정도의 크기이며, 하늘에서 내릴 때 서로 엉겨 붙어 눈송이를 이루어요. 흔히 말하는 함박눈은 포근한 날에 잘 내린답니다.

지금 내리는 눈은 무슨 눈?

눈의 종류에는 함박눈, 가루눈, 싸라기눈, 진눈깨비가 있어요. 함박눈은 날씨가 따뜻하고 습도가 높으며, 바람이 별로 불지 않을 때 내려요. 습기가 많아 잘 뭉쳐져서 눈사람을 만들거나 눈싸움을 할 때 좋지요.

이에 비해 가루눈은 바람이 세게 불고 추운 날에 내리는데, 습기가 거의 없어 잘 뭉쳐지지 않아요. 싸라기눈은 얼음 알갱이 형태로 내리는 눈으로 빗방울이 갑자기 찬 바람을 만나 얼어서 떨어져요. 진눈깨비는 비와 함께 내리는 눈이에요.

겨울에 눈이 내릴 때 눈송이가 아주 작으면 춥고, 눈송이가 크면 날씨가 따뜻하다고 해요. 눈은 높은 곳에 있는 대기의 온도 분포에 따라 성질이 달라지기 때문에, 땅으로 떨어지는 눈의 모양을 보고 하늘 높은 곳의 온도를 알 수 있는 것이지요.

신비롭고 아름다운 눈 결정

하늘에서 내리는 눈은 서로 다른 모양을 한 수많은 얼음 조각들이 떨어지는 거예요. 그런데 이 눈을 손으로 받아 살펴보려고 해도 볼 수 없어요. 금방 녹아서 사라져 버리거든요.

눈의 기본적인 구조는 육각형이에요. 이 육각형 구조에서 기온과 습도 같은 주위의 작은 변화에 따라 다양한 형태로 변한답니다.

가장 일반적인 눈 결정은 영하 15℃ 정도에서 만들어지는데, 이때의 모양은 판 모양과 기둥 모양이에요. 같은 온도에서 수증기의 양이 적어지면 눈 결정은 육각형의 판 모양으로 자라는데, 이것이 눈 결정의 가장 기본적인 모양이에요.

영하 5℃에서 습도가 높을 때에는 주로 긴 기둥 모양이 만들어져요. 바늘 모양이거나 육각 기둥 형태, 기둥이 두 개인 형태도 볼 수 있어요. 수증기의 양이 많으면 기둥 속이 비어 있기도 해요.

영하 2℃에서는 결정이 다시 영하 15℃처럼 판 모양으로 자라는데, 이 온도에서 습도가 높으면 각이 점점 둥글어지면서 커진답니다.

지금까지 알려진 눈의 모양은 6,000가지가 넘는다고 해요. 눈의 모양이 이렇게 많은 것은 기온과 수증기의 양에 따라 달라지기 때문이지요. 기온이 낮고 수증기의 양이 적으면 눈의 모양이 아주 단순해요. 하지만 수증기가 얼음 알갱이에 잘 달라붙을 수 있게 기온이 높고 수증기의 양이 많으면 모양이 아주 다양해진답니다.

아직도 눈 결정에 대해 밝혀지지 않은 것들이 많이 있어요. 눈 결정은 신비에 싸여 있는 자연 현상으로 오래 기억될 거예요.

윌슨 벤틀리가 촬영한 눈 결정들

정말 아름답지? 벤틀리는 세상에 똑같은 눈송이는 없다고 말했대.

눈 결정을 찍은 윌슨 벤틀리

미국의 한 농장에서 태어난 윌슨 벤틀리는 어릴 때부터 눈을 좋아했어요. 현미경으로 눈 결정을 처음 관찰하고 그 아름다움에 매료된 벤틀리는 사진으로 눈 결정을 찍기로 마음먹었어요. 수없이 실패해도 결코 포기하지 않았던 벤틀리는 1885년 결국 현미경에 단 카메라로 최초로 눈 결정을 사진으로 찍는 데 성공했어요. 그 뒤 46년 동안 벤틀리는 평생을 바쳐 눈송이 사진을 찍었답니다.

윌슨 벤틀리 (1865~1931년)

생생! 날씨 인물

여러 가지 구름의 종류

하늘에 떠 있는 구름은 모양이 아주 다양해요. 구름의 모양이 다양한 것은 구름이 만들어질 때 바람이 서로 다르게 불기 때문이랍니다. 높이에 따라 어떤 구름들이 있는지, 여러 가지 구름의 모양을 감상해 볼까요?

약 10km

권적운 높은 하늘이 희고 작은 구름(비늘구름)

권운 푸른 하늘에 떠 있는 섬유 모양의 구름(새털구름)

권층운 온 하늘을 뒤덮으며 햇무리, 달무리를 잘 일으키는 구름(면사포구름)

3장

바람과 태풍 이야기

바람이 없다면 지구는 어떻게 될까요?
바람이 없다면 사람도 지구 곳곳의 생물도 살 수 없게 될 거예요.
바람은 태양열과 공기를 골고루 섞어 주고
여러 가지 날씨 현상을 만들거든요.
바람은 공기의 움직임이에요. 공기가 바람을 만들어 내지요.
우리 같이 바람과 태풍 이야기를 들어 볼까요?

3장
바람과 태풍
이야기

바람은 왜 불어요?

지금 창문을 한번 열어 보세요. 혹시 살랑살랑 불어오는 바람이 뺨에 느껴지나요?

바람은 공기의 움직임이에요. 우리가 사는 지구는 공기로 둘러싸여 있지요. 이 공기들이 계속 움직이기 때문에 바람이 부는 것이에요. 그렇다면 공기는 왜 가만히 있지 못하고 계속 움직여서 바람을 불게 할까요? 그것은 기압의 차이 때문이에요. 기압은 지구를 둘러싼 대기가 지구를 누르는 힘을 말해요.

태양열이 지구를 데우면, 지구 일부 지역의 공기가 위로 올라가요. 햇볕을 많이 받아 따뜻해진 공기가 위로 올라가는 것이지요. 그러면 따뜻한 쪽에 생긴 빈 공간을 채우기 위해 주변의 공기들이 그 중심으로 움직이게 돼요. 이렇게 해서 주변보다 중심에 공기가 많아지면 고기압이 되고, 공기가 적어지면 저기압이 되지요.

고기압 쪽의 가득 쌓인 공기는 공기의 양을 같게 하려고 공기의 양이 적은 저기압 쪽으로 몰려가요. 물이 높은 곳에서 낮은 곳으로 흐르듯이, 바람은 늘 고기압 쪽에서 저기압 쪽으로 불어 가요. 바람이 움직이는 곳은 공기가 부족한 곳이거든요. 바람이 서쪽에서 동쪽으로 불면 서쪽에는 고기압이, 동쪽에는 저기압이 있다는 것을 알 수 있어요. 결국 바람은 기압의 차이 때문에 생기는 것이에요. 기압은 태양 때문에 생기는 것이고요.

하늘에 있는 공기가 지구를 누르는 힘을 기압이라고 해. 기압에는 고기압과 저기압이 있어.

주변보다 기압이 높은 곳은 고기압, 낮은 곳은 저기압이지. 이러한 기압 차이로 공기가 이동하는 것이 바람이지.

그래, 맞아. 그런데 기압은 날씨와 관계가 있어. 저기압에서는 날씨가 흐리고, 고기압에서는 날씨가 맑아.

저기압   고기압

저쪽은 고기압이야.

덤벼라! 비이이잉~

얼굴이 환하네.

3장
바람과 태풍
이야기

바람이 세계 일주를 한다고요?

지구에서 태양열을 가장 많이 받는 곳이 적도이고, 가장 적게 받는 곳이 극지방이에요. 적도에서 따뜻한 공기가 위로 올라가면, 그 밑을 채우려고 극지방에서 찬 공기가 몰려와요.

이렇게 지구의 바람이 시작되는 거예요. 이러한 과정을 '대기의 순환'이라고 하고, 대기의 순환이 지구 전체에 걸쳐 일어나는 것을 '대기의 대순환'이라고 해요. 마치 바람이 세계 일주를 하는 것 같지 않나요?

대기의 대순환에는 무역풍, 편서풍, 극동풍이 있어요.

무역풍은 적도부터 위도 30° 사이에서 부는 바람이에요. 동쪽에서 서쪽으로 부는 바람으로, 북반구에서는 북동풍, 남반구에서는 남동풍으로 나타나지요. 무역풍이라는 이름은 선원들이 바다를 항해하며 무역할 때 도움을 주었다고 해서 붙여졌어요.

편서풍은 위도 30°부터 60° 사이의 중위도 지방에서 부는 바람이에요. 지구 자전의 영향으로 서쪽에서 동쪽으로 비스듬하게 불며 따뜻하고 습한 바람이지요. 극동풍은 위도 60°부터 90°에서 나타나며 동쪽에서 서쪽으로 부는 바람이에요. 극지방에서 발생하는 고기압으로부터 불어 나오는 차가운 바람이지요.

이렇게 대기의 대순환이 복잡한 까닭은 무엇일까요? 바로 지구가 자전하기 때문이랍니다.

대기의 대순환

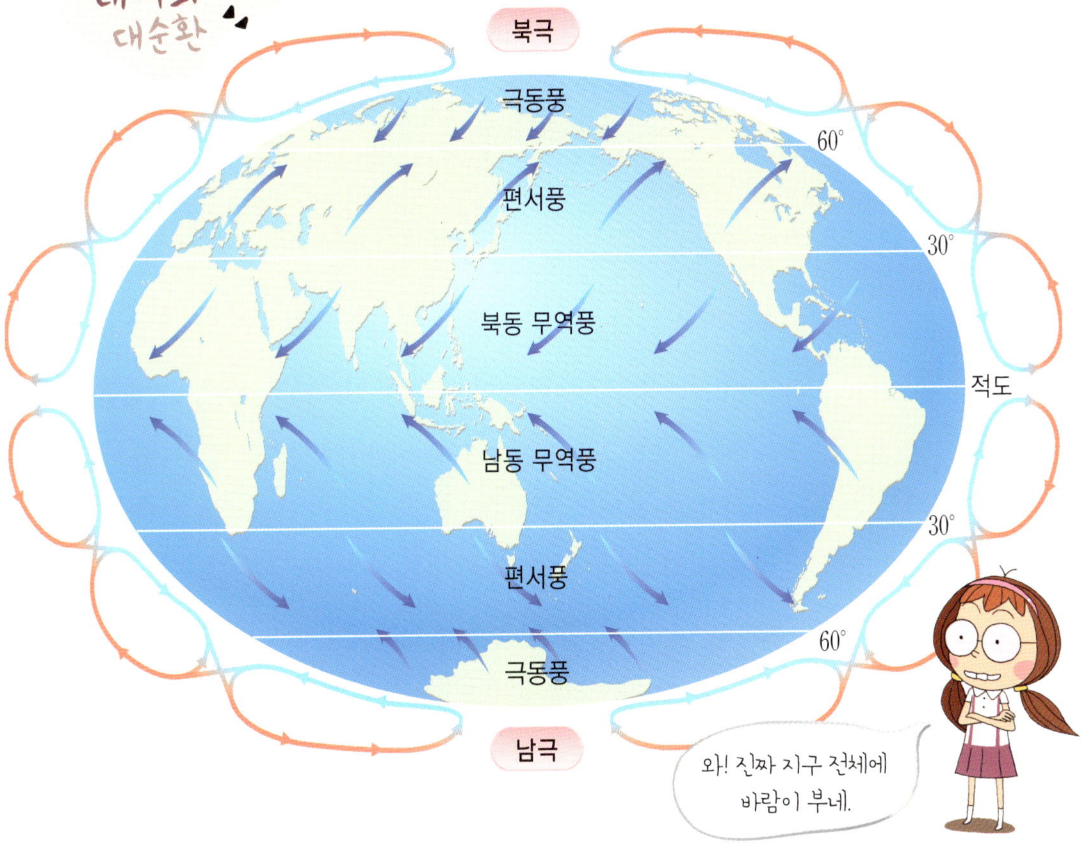

북극
극동풍
60°
편서풍
30°
북동 무역풍
적도
남동 무역풍
30°
편서풍
60°
극동풍
남극

와! 진짜 지구 전체에 바람이 부네.

생생! 날씨 인물

코리올리 효과를 발견한 코리올리

코리올리는 프랑스의 물리학자로, 1835년 코리올리 효과를 완성했어요. 코리올리 효과는 서쪽에서 동쪽으로 자전하는 지구의 자전 효과 때문에 물체의 낙하지점이 예상된 지점에서 벗어난다는 이론이에요. 바람, 해류 모두 코리올리 효과의 영향을 받아요. 이 코리올리 효과는 대기의 순환과 해류의 흐름 등을 결정하는 데 중요한 역할을 한답니다.

코리올리
(1792~1843년)

69

3장 바람과 태풍 이야기

바람의 빠르기는 어떻게 재요?

16방위

바람이 불어오는 방향을 '풍향'이라고 해요. 풍향은 흔히 8방위, 16방위 또는 북쪽에서 동쪽으로 도는 방향으로 360도까지의 각도로 표시해요. 예를 들어, 남풍이라고 하면 남쪽에서 북쪽을 향해 부는 바람을 가리켜요. 풍향은 화살 깃이나 날개를 직각으로 단 풍향계로 측정하지요.

바람은 눈에 보이지도 않고 손에 잡히지도 않는데, 어떻게 빠르기를 잴 수 있을까요?

바람의 빠르기는 '풍속'이라고 해요. 대기가 일정한 시간(1초) 동안 흘러간 거리를 말하며, m/s로 표시하지요. 순간적인 바람의 빠르기는 '순간 풍속'이라고 하고, 일정 시간 동안 바람의 빠르기를 평균 낸 것은 '평균 풍속'이라고 해요. 일기도에서 보면 기압이 같은 지점을 이은 선인 등압선이 촘촘하고 빽빽할수록 풍속이 강하고, 넓을수록 공기의 흐름이 급하지 않아 풍속이 약하답니다. 풍속은 하루 중 아침 7시쯤부터 점차 강해져 오후 2시쯤에 가장 강했다가 점차 약해져요. 이것은 땅 표면이 태양열로 더워지면서 열이 전달되는 대류 현상이 일어나기 때문이지요.

땅에서 부는 바람은 보통 10m 높이의 탑에 설치된 풍향계와 풍속계로 풍향과 풍속을 측정해요. 풍향계와 풍속계의 종류에는 에어로베인 풍향풍속계와 로빈슨 풍속계, 삼배 풍속계가 있어요.

에어로베인 풍향 풍속계는 앞부분이 곡선이고 뒷부분이 뾰족한 유선형의 몸체와 방향키 꼬리가 있어서 비행기처럼 생겼어요. 또, 앞부분에는 프로펠러가 있는데, 이 프로펠러가 바람의 세기에 따라 빠르거나 느리게 회전하면서 풍향과 풍속을 동시에 관측한답니다. 로빈슨 풍속계는 국자 머리 모양의 둥근 컵이 3~4개 달려 있고, 삼배 풍속계는 3개가 달려 있어요. 바람의 세기에 따라 컵의 회전 속도가 달라져요. 로빈슨 풍속계와 삼배 풍속계는 풍속만 관측할 수 있지요.

3장
바람과 태풍
이야기

하늘 높은 곳과 바다에서 부는 바람은 어떻게 측정해요?

하늘 높은 곳에서 움직이는 바람은 우리가 살고 있는 곳의 날씨에 영향을 준답니다. 그래서 날씨를 예측하려면 높은 곳의 공기의 움직임을 알아야 해요. 그러기 위해서 필요한 것이 바로 '라디오존데'예요.

기상 관측 기구인 라디오존데에는 기온, 기압, 습도를 잴 수 있는 기구와 무선 송신기가 작은 상자에 싸여 있어요. 큰 풍선에 라디오존데를 달아 하늘로 띄우면 풍선이 하늘로 올라가면서 기온, 기압, 습도를 측정해요. 그리고 측정한 자료를 무선 송신기를 통해서 땅 위의 안테나로 보내지요. 이때 라디오존데를 매달고 있는 풍선의 위치를 시간에 따라 관찰하면 풍향과 풍속을 잴 수 있답니다.

우리나라처럼 삼면이 바다로 둘러싸인 곳은 바다의 날씨 자료도 매우 중요해요. 해양 기상을 관측할 때 쓰이는 기구로는 '부이'가 있어요. 부이를 바다에 띄우면 기온, 기압, 습도뿐만 아니라 풍향과 풍속을 관측할 수 있어요.

라디오존데
부이

12계급의 싹쓸바람

풍속계가 없을 때에는 보퍼트 풍력 계급으로 바람의 세기를 잴 수 있어요. 보퍼트 풍력 계급은 1800년대 초에 보퍼트가 만들었어요. 그는 연기가 똑바로 올라가는 상태를 0, 태풍을 동반한 심한 폭풍을 12로 하여 바람의 세기를 나누었어요.

이 표가 보퍼트 풍력 계급을 나타낸 거야.

보퍼트 풍력 계급

계급	이름	풍속	육지에 미치는 영향
0	고요	0.0~0.2㎧	연기가 똑바로 올라감.
1	실바람	0.3~1.5㎧	연기는 날리지만, 바람개비는 돌지 않음.
2	남실바람	1.6~3.3㎧	바람이 얼굴에 느껴지고 나뭇잎이 흔들리며 바람개비가 약하게 움직임.
3	산들바람	3.4~5.3㎧	나뭇가지가 쉴 새 없이 흔들리고 깃발이 약하게 흔들림.
4	건들바람	5.4~7.9㎧	먼지가 일고 종이 조각이 날리며 작은 나뭇가지가 흔들림.
5	흔들바람	8.0~10.7㎧	작은 나무 전체가 흔들리고 강물에 잔물결이 읾.
6	된바람	10.8~13.8㎧	큰 나무가 흔들리며 우산을 들고 있기가 힘듦.
7	센바람	13.9~17.1㎧	큰 나무 전체가 흔들리고, 바람을 거슬러 걷기가 힘듦.
8	큰바람	17.2~20.7㎧	잔가지가 꺾이고, 걸어갈 수가 없음.
9	큰센바람	20.8~24.4㎧	지붕의 기와가 날아감.
10	노대바람	24.5~28.4㎧	건물이 부서지고, 나무가 쓰러짐.
11	왕바람	28.5~32.6㎧	건물이 크게 부서지고, 나무가 뿌리째 뽑힘. 바다에서는 산더미 같은 파도가 읾.
12	싹쓸바람	32.7㎧ 이상	피해가 아주 큼.

바람의 세기에 등급을 매긴 보퍼트

바다를 좋아해서 해군이 된 보퍼트는 바다를 항해하면서 바람이 배에 큰 영향을 준다는 것을 깨달았어요. 그는 바람을 연구하면서 바람의 세기에 등급을 매겼지요. 배의 돛이나 바다 표면, 나뭇가지 등이 움직이는 모습에 따라 바람의 세기를 0~12계급으로 분류했어요. 계급이 올라갈수록 바람이 세지면서 사람, 동식물이 입는 피해도 커져요.

생생! 날씨 인물

보퍼트 (1774년~1857년)

3장
바람과 태풍
이야기

계절 따라 부는 계절풍

바람에게도 이름이 있다고요? 네, 맞아요. 바람은 바람이 처음 시작된 방향에 따라서 이름을 붙여요. 그래서 동쪽에서 서쪽으로 불어 가는 바람은 동풍, 서쪽에서 동쪽으로 불어 가는 바람은 서풍, 남쪽에서 북쪽으로 불어 가는 바람은 남풍, 북쪽에서 남쪽으로 불어 가는 바람은 북풍이라고 하지요.

우리 조상들은 동풍을 샛바람, 서풍을 하늬바람, 남풍을 마파람, 북풍을 된바람이라는 아름다운 우리말로 불렀어요. 또한 바람의 종류에는 계절풍과 국지풍이 있어요. 먼저 계절풍을 알아볼까요?

계절풍은 여름철에는 바다에서 육지로, 겨울철에는 육지에서 바다로 부는 바람이에요. 철 따라 일정하게 부는 바람이에요.

계절풍이 계절에 따라 다르게 부는 이유는 육지와 바다의 온도 차이 때문이에요. 여름철에는 육지가 바다보다 더 더워져서 바람이 바다에서 육지로 불고, 겨울철에는 육지가 바다보다 빨리 식어서 바람이 육지에서 바다로 부는 거예요.

우리나라는 계절풍의 영향을 받아 여름에 남동 계절풍이 불면서 태평양 위에 있는 덥고 습한 공기가 몰려와 날씨가 무더워지고, 비도 많이 내려요. 겨울에는 북쪽에 있는 시베리아 고기압의 영향으로, 차갑고 메마른 바람이 불어오면서 날씨가 춥지요. 이 바람은 '북서 계절풍'이에요.

3장
바람과 태풍
이야기

특정 지역에서만 부는 국지풍

계절풍이 계절에 따라 부는 바람이라면, 국지풍은 특정 지역에서만 부는 바람이에요.

국지풍에는 해륙풍, 산골바람, 푄 등이 있답니다. 해륙풍이란 해안 지방에서 낮과 밤 사이에 방향이 바뀌면서 부는 바람이에요. 바다와 땅의 온도 차이로 기압이 달라져서 생기는 바람으로, 낮에는 바다에서 육지로 해풍이 불고, 밤에는 육지에서 바다로 육풍이 불어요.

낮 동안에 햇볕이 내리쬐면 땅이 바다보다 더 빨리 더워지겠지요? 그러면 땅 위의 공기가 하늘로 올라가고, 그 빈자리를 채우기 위해 공기가 움직이므로 바다에서 땅으로 해풍이 부는 거예요. 반대로 밤에는 바다가 육지보다 천천히 식으므로 바다 쪽이 더 따뜻해요. 그래서 바다 쪽의 공기가 위로 올라가므로 육지에서 바다 쪽으로 육풍이 불지요.

해안 지방에서는
낮에는 해풍,
밤에는 육풍이
부는 거야.

해풍

높새바람

산골바람은 낮과 밤 동안에 산을 중심으로 방향이 정반대로 바뀌면서 부는 바람이에요. 낮에는 골짜기에서 산 정상으로 골바람이 불고, 밤에는 산에서 골짜기로 산바람이 불지요.

푄은 산을 넘어 내려가면서 따뜻하고 건조해지는 바람이에요. 수증기로 가득 찬 공기가 산을 타고 산 정상으로 올라가면 기온이 내려가요. 이 공기가 비를 뿌리고 산 정상을 넘으면 기온이 올라가면서 푄이 불지요. 푄은 특히 알프스 계곡에서 늦은 겨울과 가을에 부는 바람을 뜻해요.

푄과 비슷한 바람으로 우리나라에는 높새바람이 있어요. 높새바람은 늦은 봄에서 초여름에 태백산맥을 넘어 영서 지방으로 부는 북동풍으로, 온도가 높고 건조해서 농작물에 큰 피해를 입히지요. 또한 높새바람이 불 때 산 너머 지역은 덥고 건조해서 산불이 나기 쉽고, 무더워서 잠을 잘 수 없는 열대야 현상도 생긴답니다.

장경판전의 비밀

팔만대장경이 보존되어 있는 경상남도 합천 해인사의 장경판전에는 바람의 비밀이 숨어 있어요. 이곳에는 두 개의 창이 있는데, 두 창의 크기가 달라요. 이것은 낮과 밤에 번갈아 불어오는 해풍과 육풍을 잘 조절하여, 장경판전 안이 항상 적당한 온도와 습도로 유지되게 하기 위해서였어요. 이렇게 해륙풍을 활용한 우리 선조들의 놀라운 날씨 지식 덕분에 팔만대장경은 썩지 않고 오늘날까지 잘 보존되었던 것이랍니다.

장경판전 내부

생생! 날씨 정보

3장
바람과 태풍
이야기

태풍이 다가오고 있어요

앗! 태풍이 다가오고 있대요. 장마가 끝나면 본격적으로 무더위가 시작되고, 태풍 소식이 들려오지요.

태풍은 북태평양 서쪽의 적도 근처 바다에서 발생하는 열대 저기압 중에서 최대 풍속이 17m/s 이상인 것을 말해요. 태풍은 중심 기압이 매우 낮은 저기압으로, 기압이 높은 곳에서 공기가 중심을 향해 왼쪽으로 빙글빙글 돌면서 안쪽으로 들어와요.

태풍과 성질이 같은 바람으로는 허리케인, 사이클론이 있어요. 허리케인은 대서양 서부와 북태평양 동부에서 6~11월에 발생하며, 사이클론은 인도양 남부, 아라비아 해 등에서 발생해요.

태풍이 만들어질 때 가장 중요한 조건은 온도예요. 태풍은 바닷물의 온도가 26~27℃ 이상인 곳에서 만들어지거든요. 뜨거운 여름, 적도 근처의 바다가 태양열을 받으면 강한 상승 기류가 생겨요. 공기가 위로 올라가서 아래쪽에는 공기가 적어지므로 강한 저기압이 생기지요. 이 저기압이 바로 태풍이에요.

이렇게 생긴 태풍은 강한 힘을 떨치며 이동하다가 약해지지요. 북쪽으로 움직이는 태풍은 섬에 부딪히거나 육지에 상륙해요. 그러면 바다에서처럼 많은 수증기를 공급받지 못하고 점점 힘이 빠져 급속히 사라지게 된답니다.

태풍에도 이름이 있네!

태풍의 이름은 1953년 오스트레일리아의 예보관들이 처음 붙였어요. 이 예보관들은 태풍에 자기가 싫어하는 정치가의 이름을 붙였대요. 그 후 1999년까지 태풍 이름은 미국 태풍 합동 경보 센터에서 정한 것을 사용했어요. 하지만 2000년부터는 서양식 태풍 이름을 아시아 지역 14개 나라의 고유한 이름으로 바꾸어 사용하고 있어요. 아시아 각 나라 국민들이 태풍에 관심을 갖고 태풍에 철저히 대비하게 하기 위해서랍니다.

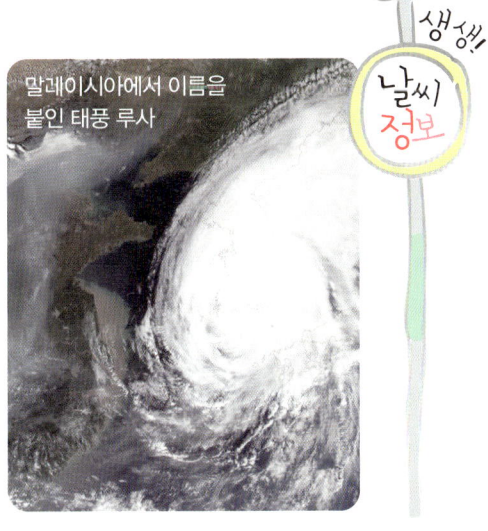

말레이시아에서 이름을 붙인 태풍 루사

3장
바람과 태풍
이야기

태풍에 눈이 있다고요?

'폭풍 전야의 고요'라는 말이 있지요? 이처럼 태풍이 다가오기 얼마 전에는 날씨가 맑아요. 하지만 바닷가에는 크고 사나운 물결인 너울이 밀려오고 태풍이 다가오면, 점차 바람이 불기 시작하면서 비가 많이 내려요. 그런데 바람과 비가 갑자기 멎으면서 날씨가 개는 경우가 있는데, 그때는 태풍의 눈 속으로 들어왔기 때문이에요.

태풍의 중심에서는 오히려 바람이 잔잔하고 구름도 없는 맑은 날씨가 나타나요. 이것은 하늘에서 땅으로 불어 내리는 하강 기류에 의해서 구름이 생기지 않기 때문이랍니다.

공기의 큰 소용돌이에 의해 만들어진 태풍은 높이가 수십 km이고 크기는 수백 km나 되어요. 태풍의 눈 주위는 구름 벽으로 둘러싸여 있으며, 바깥쪽으로는 나선 모양의 구름 띠가 여러 개 있어요.

태풍의 눈 주위의 구름 벽이나 나선 모양의 구름 띠에서는 강한 소나기가 내려요. 그 사이사이에서는 층운형 구름에서 약한 비가 오랫동안 내리지요. 구름 벽과 나선 모양의 구름 띠는 시간에 따라 쉴 새 없이 변해요. 구름 벽은 똑바로 선 것도 있지만, 높이에 따라 바깥쪽으로 기울어져 깔때기 모양을 한 것도 있어요.

우리나라에 영향을 미치는 태풍은 여름철인 7월과 8월에 많지만, 9월과 10월에 오기도 해요. 세계에서 1년 동안 발생하는 약 30개의 태풍 가운데 평균 2~3개 정도가 우리나라에 영향을 주지요. 이 태풍들은 주로 우리나라의 서해안이나 남해안으로 상륙하거나, 우리나라와 일본 사이에 있는 대한 해협을 통과하여 동해로 빠져나간답니다.

3장
바람과 태풍
이야기

앗! 무시무시한 폭풍이 몰려와요

태풍이 세찬 바람과 비를 몰고 오는 열대 저기압이라면, 폭풍은 아주 세차게 부는 바람을 말해요. 폭풍에는 뇌우, 용오름, 토네이도, 모래 폭풍, 블리자드 등이 있어요. 폭풍은 크기와 지속 기간이 다양해요. 토네이도와 뇌우는 보통 $25km^2$ 정도의 지역에 영향을 주며, 몇 시간 동안만 계속돼요. 하지만 태풍은 대륙 전체에 영향을 주면서 몇 주 동안 지속되지요.

뇌우는 세찬 비바람으로, 번개와 천둥이 뒤따라요. 뇌우는 소나기구름이라고도 하는 적란운으로 이루어져 있으며, 주변보다 따뜻한 공기가 상승하면서 발생해요.

맹렬한 바람의 소용돌이인 용오름도 있어요. 용오름은 보통 커다란 소나기구름인 적란운 아랫부분에 깔때기가 달린 모양을 하고 있어요. 이 용오름이 바다 수면에 가까이 내려오면 물보라를 일으키며 바닷물을 빨아올려요. 이때 물고기가 함께 하늘로 올라갔다가 아래로 떨어지곤 한답니다.

토네이도는 땅 위에서 공기 소용돌이가 일어나면서 지면에서 불어 올라간 먼지나 모래 알갱이들이 나선 모양으로 도는 바람이에요. 토네이도는 특히 미국에서 많이 일어나지요. 미국은 북쪽에 있는 캐나다에서 불어오는 차갑고 건조한 공기와 아래쪽에 있는 멕시코 만에서

강력한 회오리바람, 토네이도

불어오는 고온 다습한 공기가 만나는 지역이어서 토네이도가 자주 발생한답니다.

또 모래 폭풍은 건조한 사막 지역에서 모래와 함께 부는 강하고 세찬 바람이고, 블리자드는 찬 공기 덩어리가 북극 지방에서 온대 지방으로 이동할 때 생기는 차갑고 세찬 바람이에요.

3장
바람과 태풍 이야기

황사 바람이 불어요

"중국으로부터 날아오는 황사가 우리나라 곳곳을 뒤덮겠습니다. 외출하실 때에는 마스크를 꼭 쓰세요."

봄철에 이러한 날씨 방송을 자주 들었을 거예요.

봄철에 많이 발생하는 황사 현상은 강한 바람에 의하여 하늘 높이 불어 올라간 아주 작은 모래 먼지가 대기 중에 퍼져서 하늘을 덮었다가 서서히 떨어지는 현상을 말해요. 우리나라에서는 '흙이 비처럼 떨어진다.'고 하여 황사를 '흙비'라고도 했지요.

이러한 황사는 건조하고 강수량이 적은 중국 북서부에 있는 타클라마칸 사막이나 몽골 고원과 중국 황허 강 상류의 넓은 황토 지대에서부터 시작돼요. 이곳에서 일어난 모래가 강한 바람이 불면서 공중으로 떠올랐다가 상층의 바람을 타고 우리나라나 일본, 태평양 등의 하늘까지 날아와 떨어져 황사가 생기는 거예요.

요즘에는 중국의 급속한 공업화로 대기 오염이 심해져 황사에 중금속 물질이 묻어오기도 해요. 황사가 발생하면 대기 중의 먼지 농도는 평소보다 네다섯 배 증가하는데, 이러한 미세 먼지가 사람의 폐 속으로 들어가면 기침, 가래, 염증을 일으켜요. 또한 꽃가루와 먼지들이 바람에 날려 천식이나 눈병을 일으키기도 하지요. 심할 경우에는 농작물과 항공기, 자동차, 전자 장비 등 정밀 기계에도 좋지 않은 영향을 끼칠 수 있어요.

4장

일기 예보와 생활 이야기

날씨의 변화는 우리 생활과 밀접한 관련이 있어요.
우리는 일기 예보를 보고 내일의 날씨를 미리 알고
우산을 준비하거나, 놀러 가기로 한 계획을 바꾸기도 해요.
도대체 날씨를 어떻게 예측하고,
일기 예보는 어떻게 만들어지는 것일까요?

헉! 그걸 어떻게 알았어?

일기도와 일기 예보를 보면 다 알 수 있단다, 얘야.

4장
일기 예보와
생활 이야기

여러 가지 날씨 정보

앞으로의 날씨를 미리 알려 주는 것을 일기 예보라고 해요. 오늘날에는 일기 예보를 통하여 날씨를 미리 알 수 있지요. 일기 예보에는 기온, 바람, 비, 구름과 같은 날씨 정보들이 나타나 있어요. 그래서 날씨를 미리 알고 싶을 때에는 텔레비전, 라디오, 인터넷, 신문, 전화 등을 이용하여 일기 예보를 알아보지요.

일기 예보에는 어떤 것들이 있는지 알아볼까요?

일기 예보는 전국의 날씨를 간단하게 설명하는 전체 예보, 우리나라 각 지역별 날씨를 알려 주는 지역별 날씨, 일주일의 날씨를 알려 주는 주간 날씨 등이 있어요. 주간 날씨, 지역별 날씨에는 우리나라 각 지역별 구름의 양과 기온이 나타나 있어요.

바람의 방향과 세기를 나타내는 풍향과 풍속, 우리 생활과 관련지어 날씨를 알려 주는 생활 지수, 비 올 확률 등도 알려 주지요. 비 올 확률은 비가 올 가능성을 숫자로 나타낸 것이에요. 숫자가 클수록 비가 올 가능성이 높답니다.

그 밖에 해가 뜨는 시각과 지는 시각, 달이 뜨는 시각과 지는 시각, 밀물과 썰물의 시각도 알려 주지요. 풍향과 풍속, 해가 뜨고 지는 시각, 밀물과 썰물의 시각 등은 항공과 관련된 산업이나 바닷가에 사는 사람들에게 아주 중요한 정보랍니다.

오늘의 날씨 **3일(화)**

해 뜸 07:30
해 짐 17:14
달 뜸 02:46
달 짐 13:40

전국이 대체로 맑겠으나 전라도는 오후 한때 구름이 많겠습니다. 내륙에는 오전에 안개가 끼겠고, 밤에는 미세 먼지가 짙어지겠습니다.

	만 조	간 조
인천	04:34 17:04	10:51 23:33
군산	02:43 15:20	09:43 22:27
목포	01:40 14:27	07:06 19:47
여수	09:16 21:18	02:32 15:18

	풍 향	풍 속
서해	서북서	1.1
남해	북북서	1.2
동해	서북서	3.7

지역 날씨

오늘의 날씨를 말씀드리겠습니다.

주간 날씨

	4 (수)	5 (목)	6 (금)	7 (토)
서울	1/9	3/9	-1/7	-2/8
대전	0/11	1/10	0/8	-1/8
광주	1/12	1/12	3/9	-1/9
부산	4/14	6/15	6/13	4/11
제주	8/14	7/15	8/13	7/12

비 올 확률 ■오전 ■오후

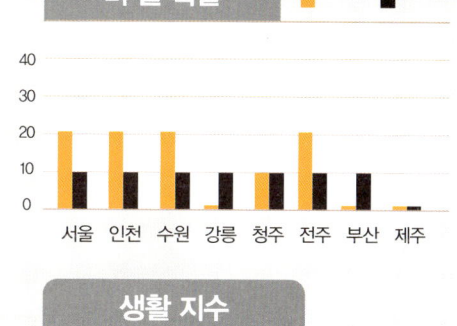

생활 지수

빨래 지수 60
외출 지수 90
운동 지수 60
세차 지수 100
우산 지수 20
수면 지수 60

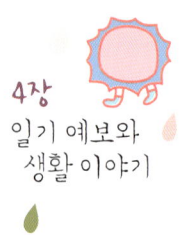

4장
일기 예보와
생활 이야기

생활 지수를 알면 편리해요

날씨란 그날그날의 습도, 비, 바람, 온도, 구름의 양 따위의 대기 상태를 말하는 것이에요. 이러한 날씨 요소들은 우리의 생활과 밀접한 관련이 있지요. 날씨 요소들이 우리 생활에 미치는 정도를 지수로 표현한 것이 바로 생활 지수예요. 생활 기상 지수라고도 해요. 이 지수에는 불쾌지수, 자외선 지수, 식중독 지수, 빨래 지수, 세차 지수, 외출 지수 등이 있어요.

무더워서 기분 나빠, 불쾌지수!

오늘 학교에서 별일도 아닌데 친구와 말다툼을 하고, 깜박 잊고 학교에 신발주머니를 두고 왔어요. 날씨는 덥고, 몸은 끈적끈적하고, 왜 이렇게 짜증 나는 일만 생기는 것일까요? 그것은 어쩌면 불쾌지수 때문일지도 몰라요. 우리가 날씨 때문에 느끼는 이런 불쾌감의 정도를 계산하여 숫자로 표현한 것이 바로 '불쾌지수'예요. 이 지수는 우리가 기온이나 습도에 따라 어느 정도의 불쾌감을 느끼게 되는지를 나타낸 것이에요.

그러면 더운 아프리카에 사는 사람들은 항상 불쾌감을 느낄까요? 그건 아니에요. 불쾌감은 기온뿐만 아니라 습도에도 영향을 많이 받거든요. 아프리카는 덥기는 하지만 장마철만큼 습하지는 않아요. 그래서 우리나라의 여름철 장마 기간에 느끼는 불쾌감이 아프리카에서 느끼는 불쾌감보다 더 높을 수 있어요.

기온이 높은데 습도까지 높으면 땀은 즉시 증발되지 못하고 피부에 남아 있게 되지요. 그래서 끈적한 느낌이 들어 불쾌감이 커진답니다.

불쾌지수가 75~80일 때 사람들 중 절반이, 80 이상일 때에는 대부분의 사람들이 불쾌감을 느낀다고 해요. 이럴 때에는 옆 사람과 부딪치지 않는 것이 좋겠지요?

우리나라는 장마가 끝나고 무덥고 습한 북태평양 고기압의 영향을 받을 때 불쾌지수가 가장 높으며, 하루 중에서는 오후 3시경에 가장 높아요. 신기한 것은 불쾌지수는 사람뿐만 아니라 동물에게도 영향을 미쳐요. 불쾌지수가 높은 날에는 젖소들도 우유가 잘 나오지 않는대요.

최대한 가리자, 자외선!

땅 위로부터 약 15~50km 사이에 있는 대기층인 성층권에는 오존층이 있어요. 오존층은 태양으로부터 들어오는 해로운 자외선을 흡수하여 지구의 생명체를 지켜 주는 역할을 해요. 그러나 요즘 들어 점차 오존층이 얇아지고 있대요. 그에 따라 땅 위에 도달하는 자외선의 양도 그만큼 많아지지요. 자외선은 균을 죽이거나 옷을 희게 하는 등 우리 생활에 이로움을 주기도 하지만, 자외선을 너무 많이 쐬면 피부암이나 백내장 같은 병에 걸릴 수도 있어요.

기상청에서는 성층권의 오존량과 날씨의 변화를 바탕으로 자외선 지수 예보를 하고 있어요. 자외선 지수가 2 이하는 낮은 단계이고, 11 이상은 위험한 단계예요. 하루 중 자외선 강도가 가장 높은 오전 11시에서 오후 1시까지는 되도록 밖에서 활동하는 것을 줄이는 것이 좋답니다.

식중독 지수는 음식물을 썩게 해 식중독을 일으키는 균이 특정한 기온에서 증식하는 데 필요한 시간을 계산하여 숫자로 나타낸 거예요. 그 외에 생활 지수에는 어떤 날이 빨래, 세차, 외출하기에 좋은지를 알려 주는 빨래 지수, 세차 지수, 외출 지수 등이 있어요.

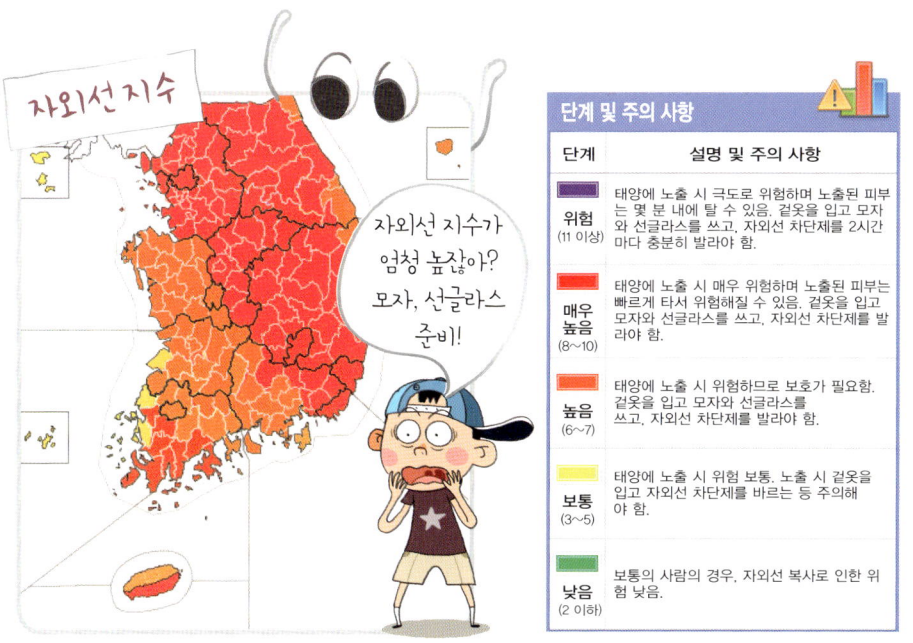

몸이 직접 느끼는 온도, 체감 온도

바람이 세게 불면 기온이 실제 기온보다 더 낮게 느껴진답니다. 이렇게 실제 기온과는 달리 몸으로 직접 느끼는 온도를 '체감 온도'라고 해요. 체감 온도는 풍속, 습도, 일사량 등 여러 가지 기상 요소에 영향을 받아요. 또한 기온이 높아도 건조하면 비교적 참을 수 있지만, 습도가 높으면 견디기 어려운 것도 체감 온도와 관련이 있어요.

4장
일기 예보와
생활 이야기

날씨를 그린 그림, 일기도

텔레비전에서 기상 예보관이 날씨를 미리 알려 주는 일기 예보를 하는 것을 본 적이 있지요? 기상 예보관은 여러 가지 기호나 숫자, 곡선 등이 있는 어떤 지도를 보면서 일기 예보를 하고 있어요. 이 지도가 바로 '일기도'랍니다.

일기도는 어느 지역의 날씨 상태를 한눈에 볼 수 있도록 지도 위에 기호로 나타낸 그림이에요. 일기도에는 기온, 기압, 바람, 구름 등의 기상 요소를 약속한 숫자나 기호로 표시해요. 또한 수치가 같은 기압이나 기온을 연결한 등압선이나 등온선을 그려 넣어 고기압이나 저기압, 전선 등을 나타내지요.

그런데 아무리 들여다보아도 복잡하고 이상한 기호밖에 안 보이는데, 어떻게 날씨 정보를 알 수 있느냐고요? 일기도에는 여러 가지 정보를 기호로 표시하는 일기도만의 약속이 있어요. 이 약속만 알고 있다면 복잡한 일기도도 문제없어요.

일기도의 기호를 알면 바람은 어느 쪽에서 어떤 속도로 불며, 기압은 얼마인지, 기온은 몇 도인지, 날씨가 맑은지 흐린지, 비가 오는지 등 그 지역의 날씨를 척척 알 수 있어요. 또 고기압과 저기압의 움직임, 구름의 양 등을 통해 날씨의 변화 과정을 알 수 있지요. 일기 예보의 기초가 되는 일기도에는 이렇게 많은 날씨 정보가 들어 있답니다.

날씨 기호

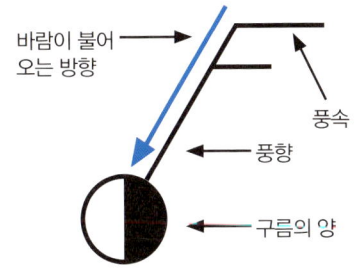

- 바람이 불어오는 방향
- 풍속
- 풍향
- 구름의 양

풍속 기호

풍속 기호	현상	풍속
/	연기가 똑바로 올라가요.	0m/s
⊢	나뭇잎이 가볍게 흔들려요.	2.5m/s
⊨	깃발이 가볍게 날려요.	5.1m/s
⊫	먼지가 일고, 작은 나뭇가지가 흔들려요.	7.7m/s
⊫	작은 나무 전체가 흔들리고, 바다에 물결이 생겨요.	10.2m/s

구름				일기								한랭전선	온난전선	저기압	고기압
맑음	구름조금	구름많음	흐림	비	소나기	눈	안개	뇌우	태풍	서리	황사				
○	◐	◕	●	•	▽	✳	≡	⌐	●	⊔	S	▲▲	●●	저	고

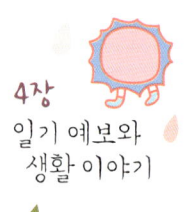

4장
일기 예보와
생활 이야기

일기도로 보는 우리나라의 날씨

일기도를 보고 우리나라의 날씨를 알 수도 있어요. 공기는 항상 같은 자리에 있지 않기 때문에 고기압과 저기압의 위치가 변해요. 그래서 날씨가 날마다 똑같지는 않아요. 이러한 이유로 우리나라도 계절에 따라 기압이 다르게 배치되어 날씨가 다르게 나타난답니다.

일기도에는 많은 곡선이 그려져 있는데, 이것을 '등압선'이라고 해요. 기압이 같은 지점을 연결한 선이지요. 선 안쪽에 쓰여 있는 '고' 또는 'H'는 고기압을 나타내고, '저' 또는 'L'은 저기압을 나타내요. 그럼, 이제부터 일기도의 기압 배치가 계절에 따라 어떻게 다른지 살펴볼까요?

우리나라의 봄과 장마철 일기도

봄에는 *이동성 고기압이 우리나라를 중심으로 동서로 나란히 있어요. 이것을 '대상 고기압'이라고 하지요. 이러한 일기도의 모양에서는 *기압골이 우리나라의 남과 북을 지나고, 고기압의 이동 속도도 느리기 때문에 비교적 맑은 날씨가 며칠 동안 계속되어요. 이런 날씨가 너무 오래 계속되면 봄 가뭄이 생기기도 하는데, 가을에도 비슷한 현상이 나타난답니다.

봄에서 여름으로 계절이 바뀌면 우리나라에 영향을 주는 공기 덩어리인 기단의 성질도 바뀌게 되지요.

이동성 고기압
중심권이 일정한 위치에 있지 않고 이동하는 고기압이에요.

기압골
일기도에서 여러 개의 등압선이 모여 골짜기를 이룬, 기압이 낮은 부분이에요.

이러한 과정에서 북쪽의 차가운 공기 덩어리와 남쪽의 더운 공기 덩어리가 서로 밀고 당기는 힘겨루기가 일어나지요. 장마 때에는 성질이 다른 두 공기 덩어리 사이에서 장마 전선이 생겨 날씨가 흐려지고 비가 오는 날이 많아지게 되는 것이랍니다. 장마철 일기도를 보면 장마 전선이 형성되어 있는 것이 보이지요?

여름에는 북태평양에서 만들어진 덥고 습기가 많은 공기 덩어리가 우리나라에 영향을 주어요. 그래서 우리나라의 여름에는 무더운 날씨가 계속되고, 밤에 열대야 현상도 나타나지요. 갑자기 '우르릉 쾅쾅' 소리를 내며 천둥, 번개와 함께 소나기가 내리기도 해요. 또한 이 더운 공기 덩어리 주변에서 태풍이 발생하여 피해가 생기기도 해요.

우리나라의 가을과 겨울 일기도

가을철에는 차가운 공기 덩어리가 여름 동안 우리나라에 머물던 더운 공기 덩어리를 밀어내고 우리나라로 다가와요. 이때 한꺼번에 공기가 뒤바뀌는 것이 아니라, 봄과 비슷하게 북쪽의 차가운 공기 덩어리가 조금씩 떨어져 나와 우리나라를 지나가게 되지요. 이 공기 덩어리의 영향으로 우리나라는 맑고 서늘한 날씨가 된답니다.

겨울에는 등압선의 간격이 좁고 남북으로 길게 그려질 때가 많아요. 겨울철 일기도를 보면, 우리나라를 중심으로 기압이 서쪽은 높고 동쪽은 낮은 모양이에요. 이때는 북쪽 시베리아의 차가운 공기 덩어리가 우리나라에 다가와 대부분 지역에서 날씨는 맑지만 차고 건조한 북서 계절풍이 강하게 불고, 손발이 꽁꽁 얼 정도로 추워져요.

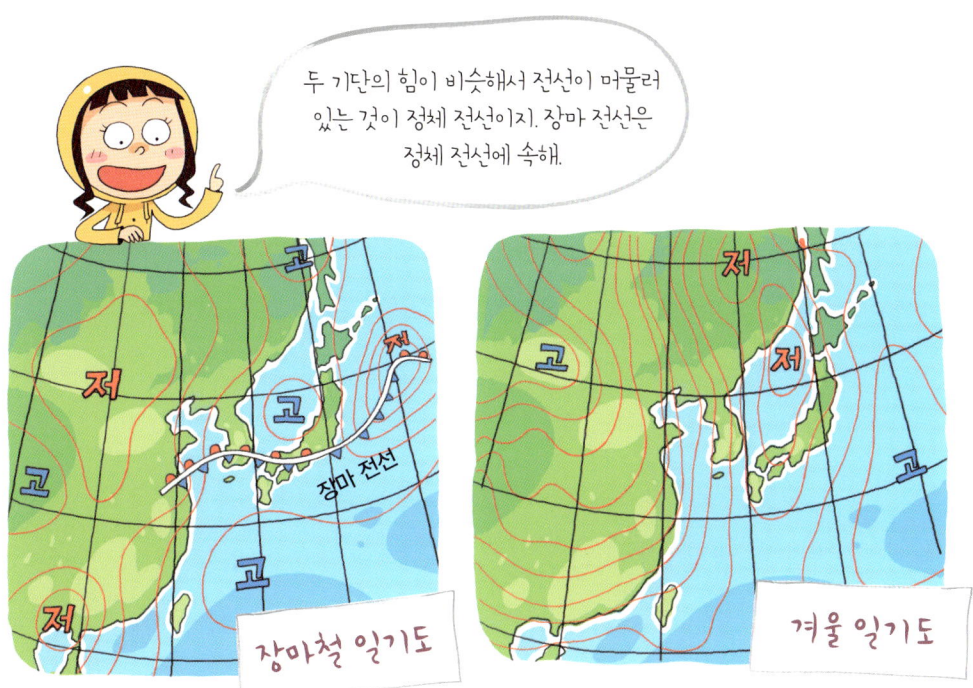

주의보와 경보는 어떻게 다르지?

갑작스러운 기상 변화가 예상되거나 날씨 변화를 더욱 자세하게 알려 줄 필요가 있을 때 기상청에서는 '기상 정보'를 발표하고, 기상이 나빠질 것이 예상될 때에는 '기상 특보'를 발표해요. 기상 특보에는 단계별로 주의보와 경보가 있는데, 주의보보다 상황이 더 심각할 때에 경보를 발표하지요. 주의보의 종류에는 풍랑 주의보, 호우 주의보, 대설주의보, 한파 주의보, 폭염 주의보 등이 있어요.

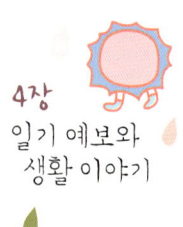

4장
일기 예보와
생활 이야기

일기 예보는 어떻게 만들어요?

날씨는 우리의 생활에 큰 영향을 끼쳐요. 그래서 날씨를 미리 알 수 있다면 생활이 더욱 편리해진답니다.

옛날 사람들은 하늘에 떠 있는 구름을 보거나 동물들의 움직임 또는 피부로 느껴지는 습기나 기온의 변화로 날씨를 미리 짐작했다고 해요. 또한 신이 날씨의 변화를 일으키는 것으로 생각하고 점쟁이나 특별한 능력을 가진 예언가에게 미래의 날씨를 물어보았다고도 해요.

요즘은 첨단 기상 관측 장비를 이용하여 정확한 날씨를 알 수 있지요. 여러 가지 기상 자료를 모아 과학적으로 분석한 일기 예보를 통하여 날씨를 알려 주기 때문이에요.

그렇다면 일기 예보는 어떻게 만들어지는 것일까요?

일기 예보가 우리에게 오기까지

날씨를 미리 알기 위해서는 가장 먼저 기상을 관측해야 해요. 기상 관측을 하려면 시간마다 땅 위의 기온, 기압, 풍향, 풍속, 강우 등을 측정하는 기상 관측소가 있어야 해요. 상층 대기의 상태를 관측하는 기구, 땅 위의 모습을 영상으로 담는 기상 위성 등 기상을 관측하는 장비들도 필요하지요. 세계 여러 나라에서는 기온, 강수량, 기압, 습도, 풍향, 풍속 등의 기상 요소들을 동시에 관측해요.

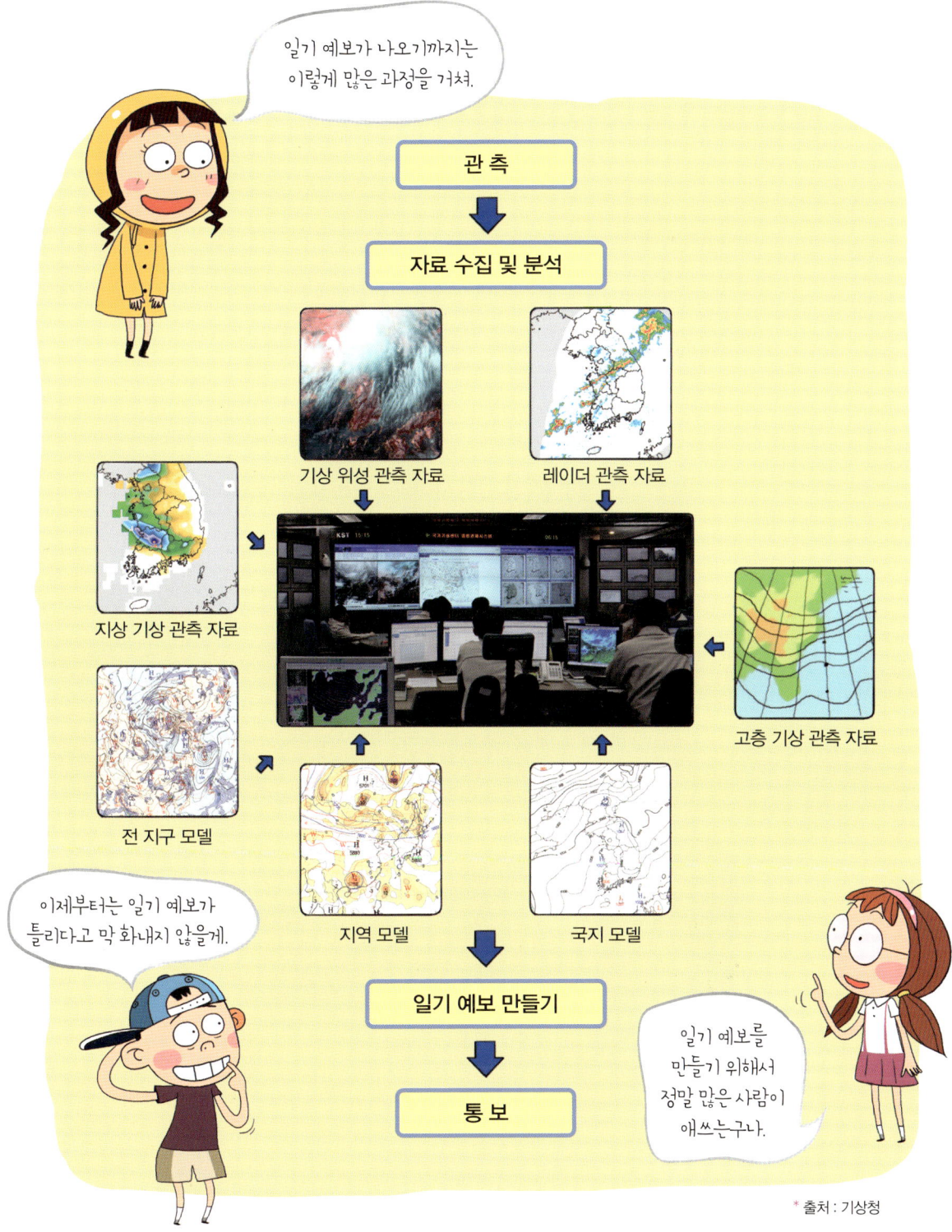

그리고 정리한 자료를 전 세계로 연결된 통신망을 통해 교환하지요. 넓은 지역의 일기도를 만들려면, 자기 나라 날씨뿐만 아니라 다른 지역의 날씨 정보도 알아야 하기 때문이에요. 세계 기상 관측 자료를 교환하고 세계 기상 감시 프로그램을 지원하기 위해 만들어진 것이 국제 연합(UN)의 전문 기구 가운데 하나인 세계 기상 기구(WMO)예요.

기상 관측소, 기상 위성 등의 관측 기구에서 각종 자료가 모이면 이 자료를 분석용 컴퓨터로 보내요. 그다음 컴퓨터를 통하여 국내외에서 수집된 다양한 관측 자료를 분석하여 예상 일기도를 만들어요. 이때 슈퍼컴퓨터가 사용된답니다.

슈퍼컴퓨터와 일기 예보

1950년대에 컴퓨터가 도입되면서 일기도를 만드는 것이 더욱 편리해졌어요. 지상과 고층에서 관측된 모든 자료들을 모아서 일기도에 기록하

▲ 슈퍼컴퓨터
미래의 날씨를 예측하기 위해서는 제한된 시간 안에 빠르게 계산하는 것이 필요해요.
슈퍼컴퓨터는 이러한 고성능 수치 계산을 빠르게 해낼 수 있답니다.

면 고기압이나 저기압의 위치와 움직임을 알 수 있어요. 이러한 일기도는 전선은 어디에서 발생해서 어느 쪽으로 움직이는지, 날씨는 어떻게 변하는지 등을 이해하는 데 중요하게 이용되지요.

일기도에서 분석되는 기상 요소와 슈퍼컴퓨터를 통해 만들어진 예상 일기도, 그리고 위성 및 레이더 영상 자료는 예보 부서로 모아지게 되고, 이 자료들을 기초로 예보관들의 회의를 거쳐 최종적인 일기 예보가 탄생한답니다.

이렇게 만들어진 일기 예보는 텔레비전, 라디오, 신문, 기상청 홈페이지, 일기 예보 자동 안내 전화 131번을 통해 언제나 이용할 수 있어요.

이제 일기 예보가 나오기까지 얼마나 많은 사람들의 노력과 시간이 들어가는지 잘 알았겠지요?

최초로 일기 예보를 한 나라는?

일기 예보는 1853년부터 1856년까지 유럽에서 벌어진 크림 전쟁 때 프랑스에서 처음 시작되었어요. 크림 전쟁이 한창이던 1854년 11월 14일에 크림 반도를 휩쓴 큰 폭풍 때문에 프랑스의 함대가 침몰했어요. 그러자 프랑스 파리의 천문대장이 유럽 각 관측소의 기상 기록을 모아서 폭풍의 이동에 대해 조사했지요. 그는 폭풍이 에스파냐 부근에서 지중해를 거쳐 흑해로 이동한다는 것을 알아내고, 1855년 1월에 프랑스 과학 아카데미에서 발표했어요. 그 후 폭풍 경보를 위한 광대한 기상 관측망을 만드는 계획이 빠르게 추진되었어요. 이것이 세계 일기 예보의 시초가 되었답니다.

생생! 날씨 정보

4장
일기 예보와
생활 이야기

일 년 후의 날씨도 알 수 있어요?

우리나라에서 처음으로 일기 예보를 시작한 것은 조선 시대인 1898년 1월부터예요. 그전에도 기상을 관측하는 기관이 있었지만, 그때 관측한 내용은 백성들이 아닌 왕에게만 보고했다고 해요.

1898년의 일기 예보는 조선에 들어온 러시아에 의해 시작되었어요. 러시아는 인천항에 관측소를 설치하여 기상 관측을 하고, 일기 예보를 하여 선박이 안전하게 항해하게 했어요. 그 뒤 1908년, 대한 제국 시기에 일기 예보와 폭풍 경보 등의 예보가 시작되었지요. 일본에게 나라를 빼앗긴 뒤에는 우리나라의 모든 기상 업무를 일본인들이 맡아 일기 예보를 했어요. 1945년 광복이 된 후에는 우리나라가 모든 기상 업무를 맡고 독자적으로 근대적인 일기 예보를 하게 되었지요. 그 뒤 우리나라의 기상 관측은 발전을 거듭하였어요. 최근 기상청에서는 슈퍼컴퓨터 3호기, 기상 위성, 기상 레이더 등을 이용하여 더 정확한 일기 예보를 하고 있어요.

더 빨리, 더 정확하게 예보하라!

일기 예보는 예보 기간에 따라 초단기 예보, 단기 예보(동네 예보), 중기 예보 및 기후예측(장기 예보, 기후 전망)으로 나뉘어요. 초단기 예보는 예보를 시작하는 때부터 6시간 이내를 1시간 간격으로 예보해요. 현재 비, 눈, 우박 등의 정보를 감시하여 기상 상태를 예측하지요.

단기 예보(동네 예보)는 예보 시간과 예보 구역을 시·공간적으로 세분화하여 기온, 최고 기온, 최저 기온, 강수 형태, 강수 확률, 강수량, 적설량, 하늘 상태, 습도, 풍향, 풍속, 파고(바다의 물결) 등을 예보해요. 예보를 시작하는 시각으로부터 48시간을 3시간 간격으로 예보해요. 사람들이 예보를 쉽게 이해할 수 있도록 글뿐만 아니라 그림으로도 보여 주어요. 단기 예보에서는 고기압, 저기압, 찬 공기 덩어리와 따뜻한 공기 덩어리가 만날 때 만들어지는 전선 등의 이동과 발달 등을 구체적으로 예상할 수 있어요.

더 멀리, 더 도움되게 예보하라!

중기 예보는 예보일로부터 3일에서 10일까지의 기간에 대한 예보로 하루에 2번 발표하며, 기상 전망, 예보 구역별 육상 및 해상 날씨, 지점별 기온, 파고에 대하여 예보해요. 따라서 우리나라 기상청에서는 10일 뒤까지 날짜별 날씨를 내다볼 수 있는 셈이 되는 것이지요.

기후예측에는 장기 예보와 기후 전망이 있어요. 장기 예보는 11일 이상에 대한 예보로 1개월 전망, 3개월 전망이 있으며, 기압 전망, 순별(상순·중순·하순) 기온, 월별 기온, 강수량 전망 등을 예보하는 것을 말해요. 기후 전망은 다음다음 계절과 1년 뒤의 기후에 대한 전망으로 *엘니뇨, *라니냐, 기온, 강수량에 대한 전망을 예보하지요.

일기 예보는 계속 변하는 기상 상태를 발표하는 것이므로 정확한 예보가 어려워요. 특히 우리나라는 삼면이 바다로 둘러싸여 있어 대륙과 해양의 영향을 동시에 받는 기상 변화가 심한 지역이어서 더 어렵답니다.

엘니뇨
바다 표면의 온도가 6개월 이상 평균 수온보다 0.5℃ 이상 높아지는 현상이에요.

라니냐
엘니뇨와 반대로 바닷물의 온도가 낮아지는 현상이에요.

우리나라 날씨를 알려 주는 기상청

우리는 날마다 텔레비전, 인터넷 등을 통해서 일기 예보를 접해요. 이 일기 예보를 하는 곳이 바로 기상청이에요. 기상청에서는 기온, 습도, 강수량 등을 지속적으로 관측하고, 기상 자료를 수집하고 분석하여 일기 예보를 발표할 뿐 아니라 날씨와 기후에 대한 연구도 하고 있어요. 우리나라의 기상청은 1948년에 국립 중앙 관상대가 설치되면서부터 활동을 시작했어요. 중앙 관상대, 중앙 기상대라는 이름을 거쳐 1990년 기상청으로 이름을 바꾸어 오늘에 이르고 있답니다.

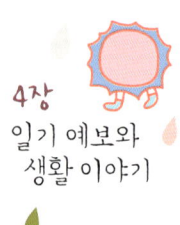

4장
일기 예보와
생활 이야기

날씨 때문에 생기는 피해를 막아요

"어? 며칠째 비가 그치지 않아요. 이러다가 정말 큰일 나겠어요."

때로는 날씨가 사람들에게 피해를 입히기도 해요. 가뭄과 홍수, 폭설, 황사 등은 사람들을 다치게 하거나 집을 무너뜨려 재산상의 피해를 주기도 하고, 농작물이 자라는 데에도 나쁜 영향을 주지요. 그래서 사람들은 날씨로 인해 일어나는 자연재해를 줄이기 위하여 여러 가지 노력을 기울이고 있어요.

날씨로 인한 피해를 막기 위한 방법에는 무엇이 있을까요?

옛날 사람들은 가뭄이 들면 비를 내려 달라고 하늘에 제사를 지냈어요. 그러나 요즈음에는 대규모 댐이나 저수지를 만들어 물을 저장하고, 물길을 파서 가뭄에 대비한답니다. 댐을 만들면 수량을 조절하여 홍수와 가뭄을 막을 수 있어요.

바닷가에서는 바람으로 인한 높은 파도가 마을이나 항구에 들이치는 것을 막기 위해 방파제를 쌓아요. 거친 바람을 막아 줄 수 있는 나무를 심기도 해요.

비가 적절하게 오면 농작물이 자라는 데 도움을 주지만, 비가 많이 오면 오히려 피해를 줄 수 있어요. 이러한 홍수에 대비하기 위해서는 하수도나 강둑을 정비해요. 강 주변에 둑을 쌓아 강물이 넘치지 않도록 한답니다.

자연의 힘은 대단하잖아.
날씨로 인한 자연재해는 정말 무서워.

홍수로 물에 잠긴 마을

그래, 맞아.
그래서 날씨를 끊임없이 예측하고,
재해가 일어나지 않도록 노력해야 해.

홍수와 가뭄에 대비하여 만든 댐

거친 파도를 막는 방파제

109

4장
일기 예보와
생활 이야기

날씨에 따라 울고 웃는 산업

콜롬비아는 대표적인 커피의 생산지 가운데 하나예요. 안데스 고원의 온화한 날씨와 풍부한 강수량, 화산재가 쌓여 만들어진 비옥한 땅 덕분에 커피 산업이 발달했어요. 공기가 맑고 먼지가 적은 스위스의 산골짜기에서는 시계 공업이 발달했어요. 이렇게 산업은 날씨와 관계가 깊지요.

날씨가 산업과 경제에 미치는 영향은 매우 커요. 전 세계 산업의 70% 이상이 날씨의 영향을 받지요. 오늘날 기업들은 날씨 정보를 상품의 생산과 판매뿐만 아니라 상품의 비용을 줄이고 수익을 내는 데 활용하고 있어요. 이것을 '날씨 마케팅'이라고 해요.

날씨 상태에 따라 상품의 가격이 오르락내리락하며, 상품이 얼마나 팔리는가 하는 것도 날씨에 따라 달라져요. 날씨를 어떻게 활용하느냐에 따라 비나 눈이 오는 흐린 날씨라도 기업에는 이익이 될 수 있답니다.

그럼, 날씨에 따라 판매량이 달라지는 업종을 알아볼까요?

날씨에 따라 먹을까, 말까?

식품은 날씨의 영향을 아주 많이 받아요. 특히 아이스크림 같은 빙과류 업계나 음료 업계는 계절의 영향을 많이 받지요. 여름에는 시원한 아이스크림이나 음료수가 많이 팔리잖아요. 빙과류는 한 해 판매량의 70% 정도가 7~8월에 팔린다고 해요.

또한 콜라와 같은 음료는 기온이 18℃가 넘는 때부터 팔리기 시작하여 25℃를 넘으면 매출이 급증하며 기온이 1℃씩 올라갈 때마다 판매량이 올라간다고 해요.

하지만 우유, 요구르트같이 우유를 가공하여 만든 유제품은 빨리 상하기 때문에 더운 여름에는 오히려 매출이 줄어든다고 해요.

건설 분야와 놀이공원도 날씨가 중요해!

날씨는 건설 분야에도 중요한 영향을 끼쳐요. 날씨가 나쁘면 건설 현장에서 일어날 수 있는 안전사고를 막기 위해서 공사가 중단되지요. 그렇게 되면 공사 기간이 길어지게 되어 건설 업체는 경제적으로 손해를 입게 돼요. 그래서 건설 업체에서는 날씨 정보를 미리 확인하여 공사 시기를 결정하기도 한답니다.

우리가 좋아하는 놀이공원도 날씨 상태에 따라 관람객의 숫자가 뚜렷하게 차이가 나요. 날씨가 맑은 화창한 주말에는 사람들이 많이 몰려들지만, 비가 오거나 눈이 와서 날씨가 나쁘면 사람들이 줄어들지요. 그래서 놀이공원을 운영하는 업체에서는 날씨에 따라 음식물과 놀이공원 운영에 필요한 사람들을 조절하고 있어요. 날씨가 좋으면 음식물의 양과 직원을 늘리고, 날씨가 나쁘면 음식물의 양과 직원을 줄이지요.

그 밖에 이동 통신 사업체에서도 첫눈이 내리는 날에는 평균보다 3배 이상 통화량이 많아지는 것을 이용해서 날씨에 맞게 판매 전략을 짠답니다. 또 그해 여름이 무척 더울 것으로 일기 예보가 발표되면, 가전제품 회사에서는 냉방기 등을 종전보다 늘려서 만들어 판매하지요.

날씨 보험이 있다고?

보험 회사도 날씨 때문에 울고 웃지요. 보험 중에는 예상한 날씨와 달라 손해를 입었을 때 그 피해 금액을 보험 회사에서 지급해 주는 날씨 보험이 있어요.

대표적인 날씨 보험 상품에는 무엇이 있을까요? 스포츠 경기, 박람회, 음악회 등을 야외에서 치르기로 했는데, 갑작스러운 날씨 변화로 행사가 취소되거나 연기될 때가 있지요. 이때 발생한 피해를 보상해 주는 행사 취소 보험이 있어요. 그 밖에 기상 이변에 따른 농작물 피해를 보상해 주는 농작물 보험, 날씨 때문에 기업의 매출이 떨어질 때 그 손해를 보상해 주는 재정 손실 보험 등이 있답니다.

황사가 돈이 된다고?

황사가 오면 누런 모래 바람 때문에 사람들은 힘들어요. 하지만 이 황사를 이용하여 이익을 올리는 기업들이 있어요. 황사가 오면 황사에 대비하기 위한 공기 청정기, 모자, 마스크, 화장품, 선글라스 등의 상품이 잘 팔리기 때문이에요. 그래서 홈쇼핑 업체나 할인점 등에서는 이런 상품들을 미리 준비하여 판매하고 있답니다. 황사가 어떤 기업에게는 도움이 되고 있다니, 재미있지요?

황해와 동해를 뒤덮은 황사

생생! 날씨 정보

나도 황사 마스크나 팔아 볼까?

날씨를 예측하는 최첨단 기상 관측 기구

날씨를 예측하려면 먼저 기상을 관측하여 현재 날씨를 정확하게 알아야 해요.
기상 관측에는 백엽상과 같은 전통적인 장비뿐만 아니라,
기상 위성이나 기상 레이더처럼 최첨단 과학 기술로 만든 다양한 장비도 이용된답니다.

기상 레이더

기상 레이더는 일정하게 회전하는 안테나를 통해 전자파를 발사해요. 그 전파가 구름에 반사되어 오는 것을 수신하여 분석하지요. 구름과 공기 중의 물방울을 관측하여 태풍의 위치, 강수량의 범위 등을 알아내요.

저걸로 어떻게 기상 관측을 하는 거지?

부이

부이(bouy)는 해상의 기상 상황을 관측하는 장비예요. 기상청에서는 부이를 바다에 띄워 기온, 습도, 기압뿐만 아니라 파도의 높이, 주기, 방향과 해수면 온도 등을 관측하고 있어요.

기상 관측선

기상 관측선은 바다 위에서 기상 관측을 하는 배예요. 수온 염분 측정기, 초음파 해류 관측 장비 등 많은 장비를 싣고 다니면서 다양하고 정밀하게 해양 기상을 관측해요.

기상 위성

기상 위성은 지구 적도 상공 약 35,800km에 위치하여 기상 관측, 해양 관측 통신 서비스 임무를 수행해요. 구름의 움직임, 태풍의 발생, 화산 폭발 등을 관측하지요. 천리안 위성은 우리나라 최초의 정지 궤도 복합 위성이에요.

대기 상층의 기상 상태를 관측하는 장치야.

라디오존데

큰 고무풍선에 라디오존데를 달아 하늘로 띄우면, 땅에서부터 위로 올라가면서 기온, 기압, 습도 등을 측정해요.

자동 기상 관측 장비

옛날에는 사람이 직접 기상 상태를 관측했지만, 요즘에는 기술이 발달하면서 자동 기상 관측 장비가 등장했어요. 이 장비는 기온, 풍향, 풍속, 강수량 등을 관측하여 기록, 송신 등까지 모두 자동으로 처리한답니다.

기후와 계절 이야기

5장

날씨와 기후는 어떻게 다를까요?
날씨는 그날그날의 기상 상태인데,
기후는 오랜 기간 나타나는 날씨의 평균 상태예요.
기후와 계절은 그곳에 사는 동식물의 모습을 결정할 뿐만 아니라
사람들의 생활 모습까지 바꾸어 놓지요.
기후와 계절 이야기 속으로 들어가 볼까요?

5장
기후와
계절 이야기

날씨와 기후는
어떻게 달라요?

"오늘 날씨가 어때요?"라고는 말해도 "오늘 기후가 어때요?"라고 말하지는 않아요. 날씨와 기후는 엄연히 다르거든요.

날씨는 특정 지역에서 일정한 시간에 나타나는 기상 현상이에요. 날씨의 구성 요소에는 기온, 습도, 강수량, 풍향, 풍속 등이 있어요. 오늘 날씨에 대하여 말할 때에는 "흐리고 비가 오며, 기온은 20℃, 습도는 95%, 풍향·풍속은 남풍이 초속 2m로 불며, 강우량은 10mm입니다."라고 표현해요.

반면에 기후는 어느 지역에서 오랜 기간 동안 나타나는 날씨의 평균 상태로, 날씨보다 범위가 더 넓어요. 날씨는 짧은 주기로 변하지만 기후는 어느 지역의 위도, 바다와 육지의 분포 비율, 지형 등에 영향을 받기 때문에 변화 속도가 매우 느리게 나타나요. 기후는 장소에 따라 달라지지만 같은 장소에서는 대체로 일정하고요.

날씨와 기후를 나눌 수 있는 이유는 이들을 변화시키는 대기의 운동이 서로 다르기 때문이에요. 날씨는 고기압이나 저기압처럼 기압의 형태나 이동에 따라 변해요. 이에 비해 기후는 태양 활동의 변화, 화산 폭발로 인한 공기 중의 먼지 양의 증가, 바닷물의 온도 변화같이 자연적인 원인으로 긴 세월을 두고 변하지요. 그러나 오늘날에는 환경 오염이나 온실가스의 증가, 숲의 파괴로 기후도 예전보다 빠르게 변한답니다.

5장 기후와 계절 이야기

기후는 우리 생활에 어떤 영향을 미쳐요?

기후는 우리 생활과 매우 밀접한 관계가 있어요. 기후는 우리가 입는 옷, 먹는 음식, 사는 집 등 우리 생활에 영향을 주거든요.

기후에 따라 입는 옷이 달라!

우리는 옷을 입을 때 기후의 영향을 많이 받아요. 더운 지역에 사는 사람들은 얇고 짧은 옷을 입고 추운 지역에 사는 사람들은 두껍고 긴 옷을 입지요. 추위와 더위로부터 체온을 일정하게 유지하기 위해 기후에 따라 입는 옷이 다르지요. 우리나라는 냉대와 온대 기후 지역에 포함되어 있어 사계절이 뚜렷해요. 그래서 계절에 따라 다른 옷을 입지요. 옛날 우리 조상들은 봄과 가을에는 무명실로 짠 옷, 여름에는 시원한 삼베옷이나 모시옷, 겨울에는 목화솜을 두둑이 넣은 옷을 입었어요. 오늘날은 여름에는 짧은 소매에 바람이 잘 통하는 옷을 입고, 겨울에는 보온성이 뛰어난 소재로 만든 두꺼운 옷을 입지요.

먹는 음식도 달라!

기후는 식생활에도 영향을 주어요. 옛날에는 주로 농사를 지었는데, 농작물은 기후의 영향을 가장 많이 받아요. 쌀은 덥고 비가 많이 내리는 지역에서 잘 자라고 밀은 따뜻하고 건조한 기후에서 잘 자라지요.

그래서 기후에 따라 사람들의 식생활도 달라졌어요. 쌀이 많이 나는 기후 지역에서는 쌀을 이용한 요리가, 밀이 많이 나는 기후 지역에서는 밀을 이용한 요리가 발달했지요. 쌀이나 밀 같은 농작물을 재배할 수 없는 냉대나 한대 기후 지역에 사는 사람들은 주로 동물이나 물고기를 잡아 생활했어요.

우리나라도 기후 차이로 남쪽과 북쪽의 식생활이 많이 달라요. 남쪽에 비해 추운 북쪽 지방에서는 논농사보다 밭농사가 발달했어요. 그래서 쌀보다 보리, 콩 등 잡곡이 더 많이 생산되어 잡곡을 더 많이 먹지요. 또한 기온이 높은 남쪽 지역은 음식이 빨리 부패하기 때문에 소금에 절인 음식이나 발효 식품이 발달했어요.

집의 모양이나 구조가 달라!

기후는 우리가 사는 집의 모양이나 구조에도 영향을 주어요. 춥거나 더운 지방, 바람이 많이 부는 곳, 또는 눈이 많이 내리는 곳에 따라 집의 모양과 구조가 다르지요.

더운 지방에서는 집을 지을 때 열이 밖으로 잘 빠져나갈 수 있게 짓는 반면, 추운 지방은 열이 밖으로 빠져나가지 못하도록 창문을 아예 내지 않거나 아주 작게 만들고 사방이 막힌 구조로 짓지요. 바람이 많이 부는 곳에서는 강한 바람에 견딜 수 있도록 집 주변에 돌담을 쌓지요. 그리고 눈이 많이 내리는 지방에서는

이누이트들이 눈이나 얼음을 쌓아 만든 이글루. 바깥의 찬 공기를 막아 추운 북극의 기후를 견딜 수 있어요.

집을 높이 지어 햇볕이 잘 들고 환기가 잘 되도록 하며 눈이 쌓이지 않고 흘러내리도록 지붕의 경사를 급하게 만들어요.

산업, 동물, 식물도 영향을 받네!

농업뿐만 아니라 임업, 수산업, 상업, 기타 서비스업 같은 산업도 기후의 영향을 많이 받아요. 산업은 대체로 그 지방의 기후나 풍토에 따라 발전하지요. 페인트와 관련된 산업은 습도가 낮은 곳에서 발달하고 소금은 맑은 날이 많고 증발량이 많은 기후에서 생산되지요.

사람들뿐만 아니라 동물과 식물도 기후의 영향을 많이 받으며 살아요. 낙타와 선인장은 덥고 건조한 사막 지역에서, 북극곰과 펭귄 등은 추운 극지방에 살지요. 이렇듯 기후는 사람들의 생활뿐만 아니라 동물과 식물이 살아가는 데에도 아주 큰 영향을 끼친답니다.

몽골 유목민의 집, 게르

몽골에서 가축을 데리고 물과 풀을 찾아 옮겨 다니며 사는 유목민들은 '게르'라는 천막집에서 살아요. 이 천막집은 지붕이 원뿔 모양이고, 벽은 원기둥 모양이에요.
몽골의 날씨는 여름은 무덥고 겨울은 아주 추워요. 그래서 유목민들은 여름에는 발을 치고 천장을 높게 올려 시원하게 지내고, 겨울에는 천막 주위에 돌이나 흙을 쌓고 천장을 낮추어 따뜻하게 지낸답니다.

5장
기후와
계절 이야기

세계의 다양한 기후

세계의 어떤 지역은 따뜻한 기후가 나타나고, 어떤 지역은 추운 기후가 나타나요. 우리는 사계절이 뚜렷한 온대 기후 지역에 살고 있지만, 다른 나라 사람들은 또 다른 기후에서 살고 있지요.

기후에 대하여 연구한 학자로는 러시아 출신의 독일 기상학자인 쾨펜이 유명해요. 그는 1884년에 프랑스의 한 식물학자가 만든 식물 분포도를 보고 기후 구분을 생각해 냈어요. 그는 식물 분포와 일치하는 기온과 강수량을 결정하고, 그것을 기초로 세계의 기후를 6기후대 24기후구로 나누었어요. 그 뒤 이것을 발전시켜 세계 기후를 11가지로 분류했는데, 이것이 오늘날 널리 알려진 '쾨펜의 기후 구분'이랍니다. 쾨펜의 기후 구분을 바탕으로 세계에는 어떤 기후들이 있는지 알아볼까요?

무더운 열대 기후와 비가 안 오는 건조 기후

열대 기후는 일 년 내내 매우 덥고 비가 많이 오는 기후예요. 가장 추운 달의 평균 기온이 18℃가 넘으며, 가장 건조한 달의 강수량이 60mm 이상이에요. 열대 기후는 강수량에 따라 열대 우림 기후, 사바나 기후, 열대 계절풍 기후로 나눌 수 있어요. 열대 우림 기후는 일 년 내내 기온이 높고 비가 많이 내리기 때문에 식물이 잘 자라요. 아프리카의 콩고 분지와 남아메리카의 아마존 분지, 동남아시아 지역에 넓게 나타나지요.

사바나 기후는 비가 오지 않는 건기와 비가 내리는 우기로 뚜렷하게 나뉘어요. 일 년 내내 무덥고 비가 잘 내리지 않으며, 초원 지역에 잘 나타나지요. 열대 우림 기후와 사바나 기후의 중간 형태인 열대 계절풍 기후의 특징은 우기가 계속되다가 건기가 짧게 나타난다는 것이에요.

　건조 기후는 연평균 강수량이 500mm가 안 되는 기후로, 초원 기후와 사막 기후가 있어요. 초원 기후대에는 초원이 넓게 펼쳐져 있고, 초원 기후보다 더 건조한 사막 기후는 연평균 강수량이 250mm 이하로 식물이 거의 살지 못해요.

사람이 살기 좋은 온대 기후와 그 밖의 기후들

　온대 기후는 가장 추운 달의 평균 기온이 영하 3℃~영상 18℃인 기후예요. 대체로 사계절이 뚜렷하고 기온과 강수량이 알맞아 사람이 살기에 좋지요. 온대 기후는 강수량의 계절 분포에 따라 나뉘어요. 일 년 내내 건기가 없는 온대 습윤 기후, 겨울에 건기가 나타나는 온대 하우 기후, 여름에 건기가 나타나는 지중해성 기후가 있어요.

　냉대 기후는 가장 추운 달의 평균 기온이 영하 3℃ 미만이고, 가장 따뜻한 달의 평균 기온이 10℃ 이상인 기후예요. 겨울이 몹시 춥고 길며 여름은 짧아요. 여름에는 비가 많이 오고 겨울에는 적게 오는 냉대 동계 건조 기후와, 일 년 내내 고른 강수를 보이는 냉대 습윤 기후가 있어요.

　한대 기후는 가장 따뜻한 달의 평균 기온이 10℃ 미만의 기후로, 겨울이 길고 아주 추워요. 한대 기후는 여름이 짧고 서늘하며, 겨울이 길고 추운 툰드라 기후와 가장 따뜻한 달의 평균 기온이 0℃ 미만인 영구 빙설 기후로 나뉘어요. 툰드라 기후대에는 이끼 같은 식물이 자라지만, 영구 빙설 기후대에는 식물이 거의 자라지 않아요. 고산 기후는 높은 산지에 나타나는 선선한 기후로, 연평균 기온이 10~15℃ 안팎이에요.

밀림이 우거진 열대 우림 기후

벼농사가 활발히 이루어지는 온대 습윤 기후

침엽수가 잘 자라는 냉대 습윤 기후

5장
기후와
계절 이야기

우리나라는 사계절이 뚜렷해요

우리나라는 온대 기후와 냉대 기후 지역에 속해 사계절의 변화가 있어요. 또한 삼면이 바다로 둘러싸여 있어 대륙성 기후와 해양성 기후가 복합적으로 나타나지요. 여름과 겨울의 기온 차이가 크고, 장마와 태풍이 오는 우기가 있는가 하면, 겨울에는 눈이 많이 내리기도 해요.

그럼, 우리나라의 기후를 계절에 따라 살펴볼까요?

따뜻한 봄

봄은 겨울과 여름 사이의 계절로 천문학적으로는 입춘(2월 4일경)부터 입하(5월 5일경) 전까지를 말하지만, 보통 3~5월을 봄이라고 해요. 봄에는 중국 대륙으로부터 이동성 고기압이 두드러지게 나타나요. 이동성 고기압이 지나가면 바로 이어서 저기압이 발달해요. 그래서 우리나라의 봄 날씨는 주기적으로 맑거나 흐려지게 된답니다.

봄은 날씨가 점점 따뜻해지지만 때때로 꽃샘추위가 나타나요. 또 낮에는 기온이 높지만 밤에는 기온이 낮아서 일교차가 커요. 비가 내리지 않아 건조해지면서 이상 건조 현상이 일어나기도 하고, 반갑지 않은 황사 현상도 많이 나타나지요. 하지만 철새가 날아오고 남쪽으로부터 꽃 소식도 들려오는 계절이랍니다.

무더운 여름

여름은 봄과 가을 사이의 계절로, 입하(5월 5일경)부터 입추(8월 8일경) 전까지를 말하지만, 보통 6~8월을 여름이라고 해요. 6월 말에서 7월 말 정도까지는 장마로 비가 많이 내리지만, 장마 전선이 이동하면서 날씨가 좋을 때도 있어요.

사계절의 다양한 모습

사계절은 정말 아름다워~.

 장마 전선이 북쪽으로 올라가 북태평양 고기압이 강해지는 7월 말부터 8월 초가 되면 본격적인 더위가 시작되지요. 이때는 햇볕이 내리쬐는 일조 시간이 많고 햇빛이 강하며 오후에 소나기도 자주 내린답니다. 여름에는 하루 최고 기온이 30℃를 넘는 날이 많으며, 밤에도 기온이 25℃를 넘는 열대야 현상이 나타나요. 북태평양 고기압의 영향으로 기온이 높고 습기가 많은 공기의 흐름이 잦아 집중 호우가 내리며 태풍의 영향도 받아요.

선선한 바람이 부는 가을

 가을은 여름과 겨울 사이의 계절로 입추(8월 8일경)부터 입동(11월 7일경) 전까지를 말하지만, 보통 9~11월을 가을이라고 해요. 아침저녁으로 날씨가 선선해지면서 기온 차이가 커져요. 간혹 가을에도 태풍이 오고 집중 호우 현상이 나타나 큰 피해가 발생하는 경우도 있답니다.

그러나 대체로 10월로 접어들면 강수량이 적어지고 공기 중의 습도가 낮아져 맑고 상쾌한 날씨가 계속되지요. 또 산과 들이 온통 단풍으로 물들어 일 년 중 가장 화려한 풍경을 자랑해요. 하지만 대륙으로부터 이동성 고기압이 통과하게 되면 자주 안개가 끼고 서리가 내린답니다.

춥고 건조한 겨울

겨울은 입동(11월 7일경)부터 입춘(2월 4일경) 전까지를 말하지만, 보통 12~2월을 겨울이라고 해요. 겨울에는 찬 대륙 고기압의 영향으로 차갑고 건조한 북서 계절풍이 불고 갑자기 기온이 내려가는 일이 많아요. 또 눈이 많이 내리고 맑고 건조한 날씨가 많아져요.

갑자기 날씨가 추워지는 한파가 지나가면 일시적으로 기온이 오르고 바람이 잔잔해져요. 보통 3일은 춥고 4일은 따뜻하다고 해서 '삼한사온' 현상이라고 하지요. 하지만 요즘에는 이상 기온으로 삼한사온 현상이 잘 나타나지 않아요.

계절의 변화를 알려 주는 절기

옛날 우리나라는 농경 사회였어요. 우리 조상들은 계절의 변화를 정확히 알고 이를 농사나 생활에 활용하기 위해 절기를 만들어 사용했어요. 절기는 해가 1년 동안 움직이는 길인 황도에 맞추어 1년을 24개로 나눈 것으로, 각 절기의 간격은 15일이에요. 천문학적으로 태양의 황도가 0°인 날을 춘분, 180°인 날을 추분, 그 중간 날을 각각 하지와 동지라고 해요. 춘분에서 하지 사이가 봄, 하지에서 추분 사이가 여름, 추분에서 동지 사이가 가을, 동지에서 춘분 사이가 겨울이에요.

생생! 날씨 정보

5장
기후와
계절 이야기

지구가 태양 주위를 돌기 때문에
계절이 변해요

사계절이 뚜렷한 우리나라는 봄, 여름, 가을, 겨울이 각각 3개월 정도 이어지면서 계절이 변한답니다. 계절이 변하면 그에 따라 기온, 날씨, 낮과 밤의 길이도 바뀌지요.

추운 겨울이 지나고 따뜻한 봄이 오는가 싶었는데, 금세 무더운 여름이 되어요. 그러다 선선한 바람이 불기 시작하면서 날씨가 다시 추워지고 눈이 내리지요. 이렇게 계절이 바뀌는 이유는 무엇일까요?

지구는 자전축을 중심으로 스스로 도는 자전 운동을 해요. 하루에 한 바퀴씩 스스로 돌고 있어요.

그러면서 지구는 태양 주위를 일정한 주기로 도는 공전 운동도 하지요. 지구는 태양의 주위를 일 년에 한 바퀴씩 돌고 있어요. 지구가 태양의 주위를 일 년에 한 바퀴 돌 때 걸리는 시간을 '공전 주기'라고 해요.

계절의 변화는 이 공전 운동 때문에 생기는 것이에요. 만약 지구가 공전하지 않는다면, 계절의 변화는 나타나지 않을 거예요. 공전을 하지 않으면 자전에 의한 하루 동안의 태양의 고도와 기온, 낮의 길이가 변하지 않고 계속 똑같이 반복되기 때문이에요.

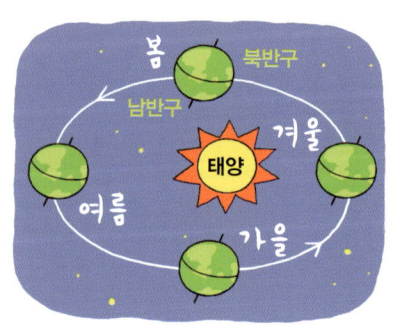

지구의 공전에 따른 계절의 변화

5장
기후와
계절 이야기

지구의 자전축이 기울어져서 계절이 변해요

지구가 공전만 하면 계절이 변하는 것일까요? 그건 아니에요. 계절을 변하게 하는 중요한 원인은 지구가 자전축이 기울어진 채로 공전을 한다는 점이에요.

지구의 자전축은 지구의 북극과 남극을 연결한 축으로 23.5° 정도 기울어져 있어요. 이 경사로 인하여 지구가 태양과 이루는 각도가 달라져요.

이에 따라 봄, 여름, 가을, 겨울이 생기는 것이랍니다. 지구는 자전축이 기울어진 채 공전을 하는데, 이것이 태양의 남중 고도를 변화시키기 때문에 계절 변화에 중요한 역할을 하는 것이에요.

태양의 고도란, 지표면과 태양이 이루는 각을 말해요. 하루 중 태양의 고도가 가장 높을 때를 '남중'이라고 하고, 태양의 고도가 가장 높아 지표면과 직각을 이루는 고도를 태양의 남중 고도라고 해요.

태양열은 지구에 수직으로 들어올 때 가장 많이 들어와요. 그런데 태양이 봄(춘분)과 가을(추분)에는 적도 부분을 수직으로 비추고, 여름(하지)에는 북위 23.5°를, 겨울(동지)에는 남위 23.5°를 수직으로 비춘답니다. 그래서 북반구의 경우 여름에 태양열을 많이 받게 되어 덥고 겨울에는 태양열을 적게 받아 춥지요.

우리가 사는 북반구의 계절은 남반구의 계절과 6개월 정도 차이가 나서 우리가 겨울일 때 남반구는 여름이랍니다.

▶ 계절과 태양의 남중 고도

태양의 높이와 태양이 내리쬐는 시간도 원인!

계절이 바뀌는 원인에는 태양의 높이도 있어요. 북반구에서 태양의 높이는 하지(여름) 때 가장 높고, 동지(겨울) 때 가장 낮으며, 춘분과 추분 때는 하지와 동지 때의 중간 정도예요. 태양이 높이 떠 있을수록 지면의 단위 면적에 들어오는 햇빛의 양이 많아져요. 따라서 하지 때는 지면에 도달하는 태양열의 양이 많지만 동지 때는 태양열이 비스듬하게 도달하여 양이 줄어들지요.

태양이 내리쬐는 시간에 따라서도 계절이 변해요. 보통 여름에는 해가 일찍 떠서 늦게 지고 겨울에는 해가 늦게 떠서 일찍 지므로, 햇빛이 비치는 시간이 여름에는 길지만 겨울에는 짧답니다.

생생! 날씨 정보

태양이 높이 떠 있고 햇빛이 비치는 시간이 긴 여름

태양이 낮게 떠 있고 햇빛이 비치는 시간이 짧은 겨울

5장
기후와
계절 이야기

계절에 따라 기온이 달라지는 이유가 뭐예요?

여름에는 기온이 높고 겨울에는 기온이 낮아요. 계절에 따라 기온이 달라지는데 봄, 여름, 가을, 겨울 계절별로 차이가 크지요. 이처럼 계절에 따라 기온이 달라지는 이유는 무엇일까요?

기온의 변화는 태양의 고도와 관계있어!

전등으로 빛을 비추었을 때를 생각해 볼까요? 기울기를 달리한 종이 판지에 온도계를 고정하고 전등을 비추고 온도를 재 보았어요. 그랬더니 기울기에 따라 종이 판지의 온도가 달랐어요. 즉, 종이 판지의 기울기가 높을수록 온도가 올라갔답니다.

빛을 비추는 각이 작을수록, 즉 비스듬히 비출수록 빛을 받는 면적이 넓어져서 빛의 세기는 약해져요. 반면에 수직에 가깝게 비출수록 빛을 받는 면적이 좁아져서 빛의 세기가 강해지지요.

즉, 전등을 비스듬히 비추면 빛이 넓게 퍼져서 넓은 면적을 비추기는 하지만 세기는 약하고, 똑바로 비추면 비추는 면적은 좁지만 세기는 훨씬 강한 것이지요.

태양의 고도가 낮을 때에는 햇빛이 지구를 향해 비스듬히 비치게 되고, 태양의 고도가 높을 때에는 햇빛이 지구를 향해 똑바로 비치게 되지요. 햇빛이 비스듬하게 비칠 때에는 햇빛의 세기가 약하고 햇빛이 똑바로 비칠 때에는 햇빛의 세기가 강해요.

태양은 남쪽 하늘에 있을 때 고도가 가장 높아요. 태양의 남중 고도가 높을수록 기온이 높아져요. 남중 고도가 높아질수록 일정한 면적에 도달하는 태양 에너지의 양이 많아지거든요. 이때, 도달하는 태양 에너지의 양이 많은지, 적은지에 따라 그 지역의 기온이 달라지는 것이랍니다.

☀ 태양의 남중 고도에 따른 태양 에너지의 양

하루 중 햇볕이 가장 뜨거울 때는 한낮 12시 30분경이에요. 태양의 고도가 가장 높아서 태양이 지표면과 직각을 이루는 시간이에요. 태양의 고도가 높을수록 지구에 전달되는 태양의 열이 강한 것은 비추는 각과 관련이 있는 것이지요.

계절에 따라 태양의 남중 고도가 달라!

그렇다면 계절에 따라 남중 고도는 어떻게 다른지, 또 이것은 기온과 어떤 관계가 있는지 알아볼까요?

태양의 남중 고도는 봄부터 점점 높아져서 여름에 가장 높아져요. 그래서 일정한 면적에 도달하는 태양 에너지의 양이 많으므로 여름에 기온이 높아요.

하지만 반대로 겨울에는 어떨까요? 겨울에는 태양의 남중 고도가 낮지요. 따라서 일정한 면적에 도달하는 태양 에너지의 양이 적으니까 기온이 낮아지겠지요?

봄이나 가을에는 남중 고도가 여름과 겨울의 중간 정도예요. 그래서 기온도 중간 정도이기 때문에 따뜻하거나 선선해요.

즉, 계절에 따라 기온이 달라지는 까닭은 계절마다 태양의 남중 고도가 달라지기 때문이랍니다. 이제 잘 알았지요?

이처럼 태양의 고도는 하루 동안에도 시간에 따라 다를 뿐만 아니라, 계절과 지역에 따라서도 달라요. 한낮일수록, 겨울철보다 여름철일수록, 극지방보다 적도 지방에 가까울수록 태양의 고도가 높아지지요. 이렇게 태양의 고도가 높아짐에 따라서 기온도 높아지는 것이랍니다.

계절별 태양의 남중 고도

봄(춘분)

여름(하지)

가을(추분)

겨울(동지)

태양의 고도가 높다는 것은 태양이 높이 떠 있다는 것을 뜻해.

하지 때 태양의 고도가 가장 높아.

동지 때 가장 낮지.

계절의 변화로 나타나는
여러 가지 현상들

우리나라는 봄, 여름, 가을, 겨울, 사계절이 뚜렷해요. 계절은 많은 것을 바꾸어 놓아요. 계절마다 무엇이 달라질까요?

계절에 따라 자연의 모습이 달라!

봄은 꽃이 가득 피고 여름에는 산이 푸르게 우거져요. 가을에는 울긋불긋한 단풍으로 산이 물들고 겨울에는 눈이 산과 들을 뒤덮어요. 이처럼 계절에 따라 자연환경이 크게 달라져요.

기온이 변화해!

우리는 계절에 따라 기온이 달라지는 현상을 몸으로 직접 느낄 수 있어요. 매일 조금씩 변하는 기온은 아침과 점심, 여름철과 겨울철이 달라 계절의 변화를 가장 확실하게 보여 준답니다.

겨울은 추워서 싫어.

태양의 위치가 달라!

태양이 얼마나 높이 떠 있는지를 표현할 때 태양의 고도라는 말을 쓰지요. 태양의 고도는 겨울(동지)에 가장 낮다가 여름(하지)으로 갈수록 높아진답니다.

사람들의 생활 모습도 바꾸어 놓아!

계절의 변화는 우리의 옷과 음식, 주거 생활까지 바꾸어 놓아요. 우리 조상들은 24절기에 맞춰 농사 계획을 세우는 등 계절의 변화에 슬기롭게 대처하며 살아왔어요.

기온이 다른 북부 지방과 남부 지방에 따라 양념을 달리했던 김치

사계절이 뚜렷한 우리나라 기후에 맞게 만들어진 한옥

그림자가 길어지고 짧아지네!

같은 시간이라도 여름과 겨울에 그림자의 길이를 살펴보면 달라요. 여름에는 태양의 고도가 높아 그림자의 길이가 짧고, 겨울에는 태양의 고도가 낮아 그림자의 길이가 길답니다.

6장

지구 온난화와 기후 변화 이야기

지구가 탄생한 이래 기후는 계속 변화해 왔고,
앞으로도 계속 변할 거예요.
하지만 지구는 점점 뜨거워지고,
기후 변화는 예상치 못한 기상 이변을 일으키고 있어요.
왜 이런 일이 생기는 것일까요?

6장
지구 온난화와
기후 변화 이야기

우리나라의 기후가
점점 이상해지고 있어요

서울의 가로수가 파인애플 나무나 바나나 나무가 된다면 어떨 것 같나요? 맛있는 열대 과일을 따 먹을 수 있어서 좋을 것 같나요?

지구 온난화는 우리나라의 기후도 변하게 하고 있어요. 우리나라의 기후는 어떻게 변하고 있으며, 기후 변화에 따라 어떤 현상이 일어나고 있을까요?

우리나라는 연평균 강수량이 점차 증가하고 있는 가운데, 강수량 분포가 7월 하순과 8월에 집중되고 있어요. 기온은 점점 높아지고 있지요. 이러한 현상은 어느 날 갑자기 일어난 것이 아니에요. 그동안 우리나라의 기온이 지구 온난화와 함께 서서히 높아진 것이지요.

이러한 상태가 계속된다면, 2070년 무렵부터는 우리나라의 평균 기온이 약 4℃ 이상 올라가게 돼요. 그러면 우리나라는 온대 기후가 아니라 아열대 기후가 될 것이라고 추측하고 있어요.

현재 우리나라는 집중적으로 비가 많이 내리기도 하고 태풍도 자주 와요. 겨울에는 강추위가 찾아오거나 폭설이 내리기도 하지요. 그러면서 겨울에 날씨가 따뜻한 날도 많아져서 한강에 얼음이 어는 날이 줄어들고 있어요. 겨울은 짧아지고 여름은 길어지고 있으며 황사가 발생하는 날은 예전에 비해 더욱 증가했어요. 이러한 현상은 앞으로도 계속, 또 더 자주 발생할지도 몰라요.

최근에는 여름밤에 더워서 잠을 못 자는 열대야 현상도 증가하고 있지요. 또한 사과꽃 등의 개화 시기가 빨라지고 있으며, 남부 지방에서 자라던 동백나무가 점점 위로 올라와서 나중에는 중부 지방에서도 자랄 수 있을 것으로 예상하고 있어요. 또 중국의 열대 지역에 살던 주홍날개꽃매미가 우리나라에 건너오면서 피해를 주기도 해요.

바다의 온도가 높아지고 바닷물의 높이도 상승하고 있어요. 제주 지역은 바닷물의 높이가 높아지는 속도가 세계 평균 상승률에 비해 3배나 높다고 해요. 이렇게 우리나라에서도 기후 변화가 나타나는 이유는 전 지구적인 지구 온난화 때문이랍니다.

지구 온난화로 중국에서 우리나라에 건너온 주홍날개꽃매미

6장
지구 온난화와
기후 변화 이야기

왜 기후가 변해요?

지금으로부터 1,000년쯤 전에는 우리가 살고 있는 북반구 지역의 기후가 어땠을까요? 학자들에 따르면, 그때 북반구 지역의 기후는 지금보다 훨씬 따뜻했다고 해요.

그럼 기후는 왜 이렇게 변하는 것일까요?

기후는 오랜 시간에 걸쳐서 변하는데, 기후를 바꾸는 원인으로는 자연적 원인과 인위적 원인이 있어요. 자연적 원인에는 바닷물의 변화, 태양 주위를 도는 지구 공전 궤도의 변화, 화산 폭발 등이 있어요. 인위적 원인에는 사람의 활동으로 생기는 변화가 있어요.

그럼 기후 변화의 자연적 원인을 살펴볼까요? 바닷물은 대기 중의 열과 습기의 이동에 영향을 주면서 전 세계의 기후 변화에 큰 영향을 미쳐요. 이렇게 바닷물의 변화는 기후 변화를 일으키는 중요한 원인이에요. 그리고 지구의 공전 궤도의 변화는 기온 변화와 밀접한 관련이 있다고 하고 화산 폭발로 발생한 화산재가 지구를 뒤덮으면 기온이 내려간다고 해요.

사람의 활동으로 생긴 기후 변화의 원인으로는 화석 연료를 지나치게 사용하면서 생긴 이산화탄소의 증가, 도시화와 산업화로 인한 숲의 파괴 등이 있어요. 오늘날에는 전기와 같은 인공적인 열에 의한 도시 기후의 변화도 문제가 되고 있답니다.

기후를 조절해 주는 바다

바다는 낮에 태양열을 받아 저장했다가 기온이 내려가는 밤에 내보내요. 겨울에는 바다 위를 지나가는 찬 공기를 따뜻하게 해 주고 여름에는 더운 공기를 식혀 주지요. 이와 같은 바다의 역할은 지구 곳곳의 기온 차이를 적게 하여 생명체가 살기 좋은 기후 환경을 만들어 주어요. 또한 바다는 지역에 따라 다르게 들어오는 태양열을 지구 곳곳에 운반하여 열의 균형을 이루게 해 준답니다.

6장
지구 온난화와
기후 변화 이야기

이상 기후를 부르는
엘니뇨와 라니냐

요즈음 비가 적게 내리던 지역에 갑자기 비가 많이 내리고, 비가 많이 내리던 지역에 가뭄이 계속되는 일이 생겼어요. 여러 가지 원인이 있겠지만 엘니뇨와 라니냐 현상 때문이기도 해요. 엘니뇨나 라니냐 현상도 바닷물의 온도 변화 때문에 일어나요. 엘니뇨와 라니냐 현상은 무역풍과 관련이 있다고 해요. 적도 지방에서 무역풍은 서쪽으로 불며, 서태평양의 따뜻한 바닷물과 동태평양의 차가운 바닷물 분포를 유지하는 데 매우 중요한 역할을 하지요.

스페인 어로 '남자아이' 또는 '아기 예수'를 뜻하는 엘니뇨는 바다 표면의 온도가 6개월 이상 평균 수온보다 0.5℃ 이상 높아지는 현상이에요. 무역풍이 주기적으로 약해지기 때문에 엘니뇨 현상이 생긴다고 해요. 무역풍이 약하게 불면 서태평양에 있는 필리핀과 인도네시아에서는 평소보다 비가 적게 내려 가뭄을 겪고, 동태평양에 있는 페루와 에콰도르에는 비가 많이 내리기도 한답니다.

라니냐는 스페인 어로 '여자아이'라는 뜻으로, 엘니뇨와 반대로 바닷물의 온도가 낮아지는 현상이에요. 바닷물의 온도가 낮아지면 대기 순환에 영향을 주어 이상 기후가 나타나요. 그래서 인도네시아, 필리핀 등에 보통 때보다 더 많은 비가 내려요. 또한 페루 등 남아메리카는 서늘해지고 북아메리카에는 강추위가 찾아오기도 한답니다.

엘니뇨와 라니냐는 각각 다른 현상이 아니라 서로 관련되어 연속적으로 일어나요. 현재 그 원인을 밝히려는 연구가 진행 중에 있답니다.

흰색 부분이 엘니뇨로 인해 남아메리카 해안 지역의 바닷물 표면 온도가 상승한 것을 나타내는 거야.

▶ 인공위성으로 찍은 엘니뇨 현상

이상 기후로 인해 남아메리카의 콜롬비아에서 발생한 홍수

6장
지구 온난화와
기후 변화 이야기

기상 이변과 기후 변화

최근 우리가 살고 있는 지구는 오랜 세월 동안 경험하지 못했던 급격한 기후 변화를 겪고 있어요. 기후 변화에 따라 지구 곳곳에서 이상한 일들이 일어나고 있지요.

눈이라고는 구경조차 할 수 없었던 뜨거운 열대 지방에 눈이 펄펄 내리고 비가 잘 내리지 않았던 곳에 갑자기 많은 비가 쏟아져요. 또한 겨울이 점점 따뜻해지고 겨울에도 홍수나 장마 같은 이상 현상이 나타나기도 해요.

이러한 기상 이변은 기후가 변화하면서 일어나요. 이미 지구 곳곳에서는 기후가 변화하고 있다는 징후가 나타나고 있어요.

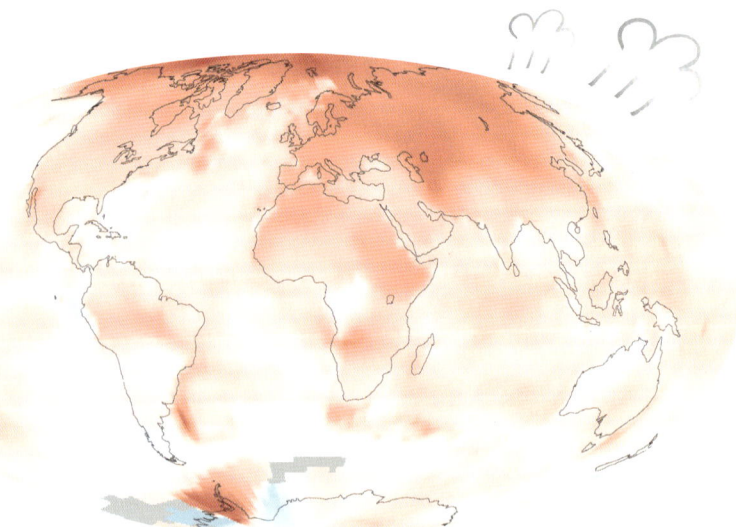

세계의 기온 변화를 나타낸 그림

높은 산에 쌓여 있던 만년설이 사라지고 있어요. 북극의 여름에 얼음을 볼 수 없는 곳이 많아지고 있고 남극에서는 거대한 얼음 덩어리들이 녹아서 남극 대륙에서 바다로 떨어져 나가고 있어요.

이것은 분명히 지구 온난화로 인한 기후 변화 때문이에요. 지구 온난화가 심각해짐에 따라 전 지구적으로 기상 이변이 일어나고 있는 것이에요.

지구의 기온이 점점 올라가면서 공기의 흐름이 바뀌어요. 그래서 지구 곳곳에서 이전에는 볼 수 없었던 가뭄, 홍수, 폭설 등 기상 이변 현상이 자주 나타나는 것이랍니다. 이러한 기상 이변 현상으로 사람들이 다치거나 목숨을 잃기도 하고, 살 곳을 잃고 사라지는 동물과 식물들이 점점 더 늘어나고 있어요.

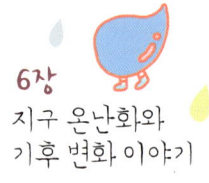

6장
지구 온난화와
기후 변화 이야기

지구가 점점 더워져요

아주 오래전 빙하기 이후부터 지구는 계속 따뜻해지고 있어요. 춥지 않고 따뜻하다는 말은 좋은 것 같지만 이 말은 단순히 지구가 따뜻해지고 있다는 말이 아니에요. 지구가 점점 더워져 지구 환경이 나쁘게 변화되고 있다는 뜻이지요.

지구의 평균 기온은 지난 140년 동안 0.6℃ 정도 높아졌는데, 최근에는 더 빨리 높아지고 있어요. 그래서 지구 생태계와 환경 등을 위협하고 있지요. 이렇게 지구의 기온이 올라가 날씨가 따뜻해지는 것은 온실 효과 때문이랍니다.

지구를 온실처럼 감싸는 온실 효과

겨울에 난로 옆에 가면 몸이 따뜻해지지요? 이것은 난로가 뜨거워지면서 밖으로 열을 내놓기 때문이에요. 지구도 햇볕을 받아 온도가 올라가면 난로처럼 열을 밖으로 내놓는답니다. 그러나 공기 속의 이산화탄소와 같은 기체들은 지구에서 우주로 빠져나가는 열을 붙잡아 다시 땅으로 보내지요.

꽃이나 채소를 키우는 비닐하우스나 온실을 본 적 있지요? 지구의 온도가 올라가는 이유는 공장이나 자동차 등에서 나오는 온실가스가 지구를 온실처럼 감싸고 있기 때문이에요. 그래서 이것을 '온실 효과'라고 해요.

그런데 온실 효과가 무조건 나쁜 것만은 아니에요. 만약 온실 효과가 없었다면, 지구의 평균 기온이 지금보다 훨씬 내려가서 지구는 얼음으로 뒤덮이고 생명체가 살 수 없는 곳이 되었을지도 몰라요. 적당한 온실 효과는 지구의 온도를 적절하게 유지하여 생명체가 살 수 있는 환경으로 만들어 준답니다.

하지만 온실 효과가 너무 강해지는 것이 문제예요. 지구의 기온이 높아지면 남극과 북극의 빙하가 녹게 되고, 그러면 바다 수면이 높아져 바다보다 낮은 지역이 물에 잠기게 될 테니까요.

지구 온난화를 일으키는 무서운 온실가스

지구의 대기에는 수많은 종류의 기체들이 떠다니고 있어요. 이 기체들 가운데 땅에서 복사되는 에너지를 흡수하여 대기의 온도를 높이는 것들이 있어요. 바로 온실가스랍니다.

녹아내리는 빙하

극지방의 얼음과 빙하가 빠르게 녹고 있대. 그에 따라 동물들도 살기 힘들어지고, 바닷물의 높이도 높아지고 있어.

온실 효과

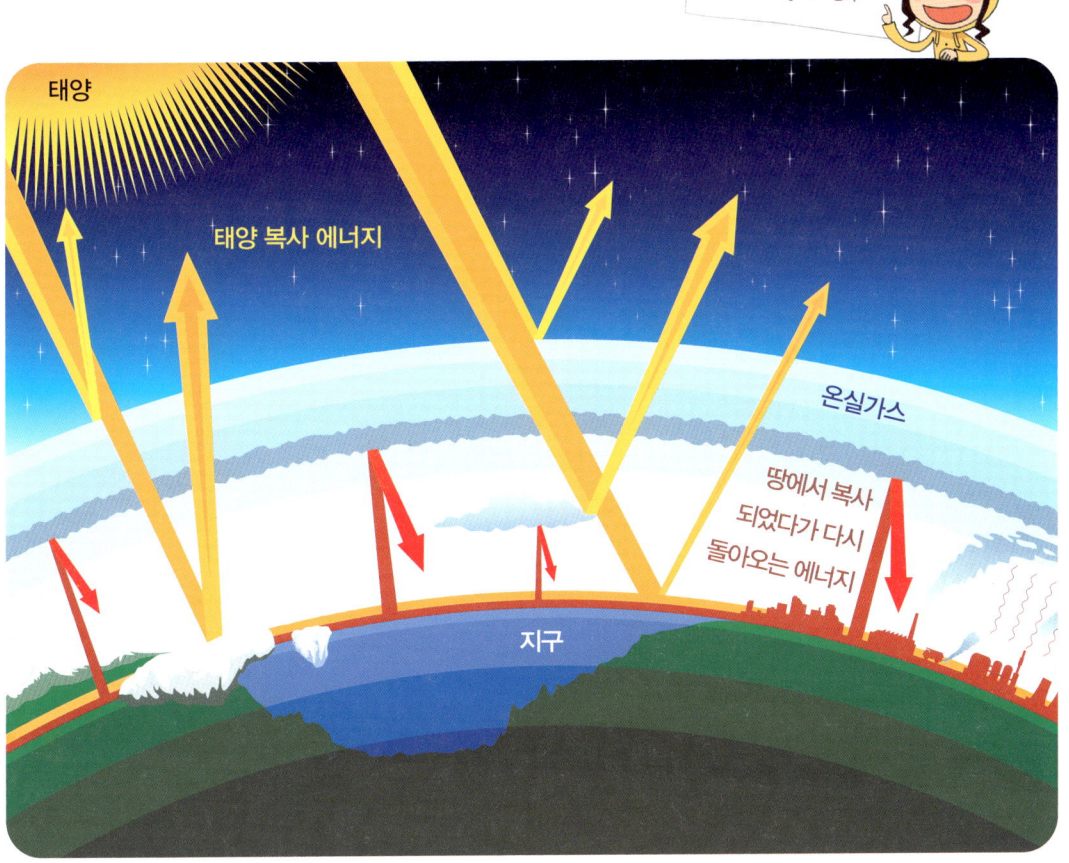

　온실가스에는 이산화탄소, 메테인 등이 있어요. 이 기체들은 태양으로부터 들어오는 태양 에너지는 통과시키지만, 지구로부터 나가는 에너지는 흡수하여 지구 대기의 온도를 높이고 있어요.

　18세기 산업 혁명 이후 사람들은 석유, 석탄 등 화석 연료를 많이 사용하게 되었어요. 이러한 연료를 많이 사용하면서 대기 중에 이산화탄소 등의 온실가스가 많이 배출되었어요. 그러면서 온실 효과가 심해졌지요. 이에 따라 지구의 온도가 올라가는 지구 온난화 현상이 나타나면서 인류를 위협하게 되었답니다.

6장
지구 온난화와
기후 변화 이야기

지구 온난화로 서서히 바다에 잠기는 나라, 투발루

남태평양 한가운데에는 아름다운 산호섬이 있어요. 작은 섬이지만, 지상 낙원이라 불릴 만큼 환상적인 풍경을 자랑하지요. 그런데 앞으로 이 섬을 볼 수 없게 될지도 모른대요. 도대체 이 작은 섬에 무슨 일이 일어난 것일까요?

지구 온난화는 바다도 변하게 만들었어요. 극지방의 빙하가 녹아내려 바다로 흘러들어 가면서 바닷물의 높이가 높아졌지요. 1961년 이후 해마다 약 1.8mm씩 높아졌지만, 1991년 이후에는 해마다 약 3.1mm씩 높아지면서 해수면 상승 속도가 빨라졌어요.

이렇게 바닷물의 높이가 점점 더 높아지면 높이가 낮은 육지는 바닷물에 잠길 수도 있어요. 특히 나라 전체가 바다로 둘러싸인 작은 섬으로 이루어진 섬나라는 큰일이지요. 이와 같은 현상은 이제 전 세계에서 현실로 나타나고 있어요.

투발루는 아홉 개의 섬으로 이루어진 나라인데, 이 섬들은 평균 해발 고도가 3미터 정도로 낮고 지형이 평평해요. 섬 대부분의 지역이 해수면과 높이가 같아요. 그래서 조금만 바닷물이 불어나도 섬이 물에 잠겨 버리지요. 투발루는 머지않아 나라 전체가 바다에 잠길 위험에 처해 있답니다.

또한 투발루 국민들이 마실 물이 점점 없어져 간다는 것도 문제예요.

사람들이 마시는 지하수에 바닷물이 섞이면서 바닷물의 소금기로 인하여 짠물이 되었기 때문이에요.

또 코코넛 나무와 농작물도 죽어 가고 있어요. 이제 투발루는 식물도 더 이상 자랄 수 없는 땅이 되어 가고 있어요.

점점 뜨거워지는 지구에서 서서히 바다에 잠기는 나라, 투발루. 투발루 사람들은 어쩔 수 없이 바다에 잠겨 가는 고향 땅을 하나둘 뒤로하고 다른 나라로 떠나고 있어요. 지구 온난화 때문에 일어난 비극이지요.

이 아름다운 섬이 바다에 잠기게 되다니!
지구 온난화는 정말 무섭구나!

6장
지구 온난화와
기후 변화 이야기

혹독한 가뭄과 사막화

나무가 울창한 숲은 생명체가 살아가는 터전이에요. 이러한 숲이 점점 줄어들고 사막이 점점 늘어나고 있어요.

지구는 3억 5천만 년 전에 이르러서야 지금과 같은 숲의 모습을 갖추게 되었어요. 그런데 세계적으로 매년 엄청난 넓이의 땅이 사막으로 변하고 있어요. 계속된 가뭄으로 강수량이 현저하게 줄어들고 토양이 마르면서 사막화 현상이 나타나고 있지요.

아라비아 사막이나 아프리카의 사하라 사막 같은 건조한 지역은 원래 비가 드물게 내리던 지역이지만, 최근 기후 변화로 비가 더욱 내리지 않고 뜨거운 뙤약볕만 내리쬐고 있어요. 이러한 가뭄이 사막화의 큰 원인이 되고 있지요. 아프리카의 사헬 지방은 심한 가뭄이 계속되면서 생물이 살지 못하는 죽음의 땅으로 변해 버렸어요.

농경지를 만들고 가축을 기르기 위해 무리하게 숲을 없애고 개발한 것도 사막화의 원인이에요. 농경지나 방목지를 늘리게 되면, 땅의 영양분과 물이 줄어들기 때문에 장기적으로 사막화의 원인이 되는 것이랍니다.

또 열대 우림 지역의 숲을 마구 개발하면서 브라질의 아마존 열대 우림이 훼손되거나 사라지고 있어요. 숲이 사라진 자리는 사막으로 변하고 있지요. 봄이면 우리나라를 괴롭히는 황사 현상은 중국 내륙이 사막화되면서 심각해지고 있어요.

국제 연합에 따르면 지구 표면의 3분의 1이 사막으로 변할 위험에 처해 있다고 해요. 사막화에 대한 대책으로 국제 연합은 '사막화 방지 위원회'를 운영하고 있어요. 그리고 세계 각국의 정부와 기업은 사막화가 진행 중인 지역의 주민들을 도와주는 한편, 사막화 지역에 나무를 심는 등 사막화를 방지하기 위하여 노력하고 있답니다.

혹독한 가뭄으로 쩍쩍 갈라진 땅

얼마나 비가 안 왔으면 이렇게까지!

사막과 사막화는 달라!

사막화란 건조한 지역에서 기후 변화나 인간 활동 등의 원인에 의해 토양이 깎여 나가면서 점점 사막으로 변하는 현상이에요. 오랫동안의 가뭄이나 인간의 무분별한 개발, 환경 오염 등으로 사막이 아니었던 지역이 사막으로 변하는 것이지요. 원래 비가 거의 내리지 않아 사람이나 동식물이 살기 힘든 지역을 말하는 사막과는 달라요.

점점 사막화되고 있는 아프리카 말리의 땅

6장
지구 온난화와
기후 변화 이야기

이상 폭우와 거대한 홍수

비는 지구의 품 안에서 살고 있는 사람과 동식물이 건강하게 살아가는 데 반드시 필요한 요소예요. 그런데 이 비는 지구의 기후 변화에 따라 급격히 늘어나기도 하고 줄어들기도 하지요.

비가 많이 와서 강이나 개천이 불어나 주변 지역에 피해를 입히는 재해 현상을 홍수라고 해요. 홍수는 파괴력이 무척 크지요. 홍수가 발생하면 농작물, 토지, 가옥 및 가축 등이 물에 잠기거나 떠내려가서 많은 피해를 주어요.

대체로 홍수는 짧은 시간에 비가 많이 내리거나 긴 시간 동안 지속적으로 비가 내릴 때 생겨요. 하지만 해안의 낮은 지대에서는 비가 내리지 않아도 먼 지역의 태풍이나 지진 해일에 의해서 발생하기도 해요.

인도네시아 자바 섬의 홍수를 그린 19세기 때의 그림

인도네시아나 방글라데시처럼 전에도 비가 많이 내리던 지역에서는 강수량이 크게 증가하면서 홍수가 종종 일어나고 있어요. 이러한 많은 비는 생명이나 재산에 큰 피해를 주지요. 하지만 더 큰 문제는 비가 잘 내리지 않던 지역에 갑자기 많은 비가 쏟아져 내리는 것이에요. 이럴 때는 사람이나 동물이 미처 대피하지 못하여 더 큰 피해가 생기게 되지요.

최근에 세계에서 일어난 큰 홍수로는 2011년 7월부터 거의 4달 동안 계속된 태국 대홍수 사태가 있어요. 7월에 시작된 열대성 폭우가 태국 북부와 북동부에 엄청난 양의 비를 뿌리면서 태국의 수도 방콕을 물바다로 만들었어요.

2011년 태국 대홍수

방콕이 물에 잠겨 버렸네.

와, 대단한 홍수였구나.

옛날 우리나라에도 대홍수가!

옛날 우리나라의 홍수에 대한 기록은 〈삼국사기〉, 〈고려사〉, 〈조선왕조실록〉 등에 실려 있어요. 이 자료들을 정리한 '조선 고대 관측 기록 조사 보고'에 의하면 서울을 중심으로 일어난 홍수는 총 176회였다고 해요. 1900년대로 들어와서는 을축년 대홍수가 유명해요. 1925년 7월 중순부터 9월 중순까지 4차례에 걸쳐 발생한 홍수인데, 그 당시 전국의 거의 모든 하천이 범람한 대홍수였다고 해요.

6장 지구 온난화와 기후 변화 이야기

태풍이 점점 강해져요

태풍은 한순간에 모든 것을 날려 버릴 만큼 무시무시한 힘을 가지고 있어요. 크기도 엄청나게 커서 우리나라 넓이보다 큰 태풍도 있지요.

태풍의 고향은 따뜻한 열대의 바다예요. 뜨거운 태양이 내리쬐는 열대의 바다가 보통 27℃를 넘어서면서 점점 뜨거워지면 주변의 공기도 데워지게 돼요. 데워진 공기는 주변의 공기를 빨아들이면서 빠른 속도로 하늘로 올라가지요. 이렇게 빈자리가 생기면 주변의 차가운 공기가 들어와 메우게 되는데, 이 공기도 데워져 또 하늘로 올라가게 되지요. 이러한 과

폭풍우를 몰고 오는 맹렬한 태풍

태풍의 위력은 정말 무시무시하구나.

정을 반복하면 하늘에 거대한 구름 덩어리가 생기고 소용돌이치면서 높이가 수십 km 되는 태풍으로 자라나요.

　태풍은 지구 상에서 부는 바람과 자전 등의 영향을 받아 북서 방향으로 서서히 북상하며 편서풍의 영향을 받아 북동방향으로 이동하기도 해요. 태풍은 남쪽 바다 한복판에서 발생하지만, 바람을 타고 육지 쪽으로 이동하면서 주변 여러 나라에 피해를 주지요.

　그런데 최근 지구 온난화의 영향으로 바닷물의 온도가 높아져 뜨거운 바다가 늘어나면서 태풍의 위력도 점점 커지고 있어요. 높이가 수백 km 되는 태풍도 생겨나고 있지요.

　특히 2002년 8월 우리나라 동해안에 하루 동안 870mm를 한꺼번에 쏟아부었던 '루사', 2005년 9월 미국 뉴올리언스를 강타한 '카트리나', 2013년 11월 필리핀 중부 지방을 강타한 '하이옌' 등은 지구의 기후 변화로 더욱 강하게 발달한 태풍들이에요.

▶ 카트리나가 휩쓸고 간 미국 뉴올리언스

태풍이 지구를 위해 좋은 일도 한다고?

무시무시한 태풍도 지구를 위해 중요한 역할을 하기도 해요. 바로 지구의 공기를 순환시키는 것이에요. 열대의 더운 공기를 빨아들여 북쪽에 흩뿌려 놓으면서 지구의 남쪽과 북쪽 공기의 온도를 적절하게 유지시켜 주기 때문이에요. 만일 태풍이 없다면 지구의 남북 온도 차가 점점 심해져 이상 기온이 생기고, 지구의 생태계도 파괴될 수 있어요.

지구를 위해 중요한 역할을 하는 태풍

생생! 날씨 정보

6장 지구 온난화와 기후 변화 이야기

꿀벌이 사라지고 있다고요?

지구 상에 원시 생물이 나타난 이래, 일부 생물들이 점점 사라지고 있어요. 지구의 역사 속에서 어떤 종류의 생물이 사라지고 생겨나는 일은 늘 있어 왔지만, 오늘날처럼 생물이 빠르게 사라지는 현상은 없었어요. 이것은 기후 변화가 지구 생태계에 미치는 영향이 우리가 생각하는 것보다 훨씬 심각하다는 것을 말해 주고 있지요.

생물은 온도의 영향을 받아요. 특히 곤충에게 온도는 생존과 직접적으로 연결되는 중요한 요소이지요.

그런데 최근 기온이 상승하면서 봄꽃이 빨리 피고 있어요. 지난 30년 동안 봄꽃과 주요 나무의 개화 시기가 6~8일 정도 앞당겨졌다고 해요.

봄꽃의 개화 시기는 벌, 나비 같은 곤충의 생태와 나무의 번식에 매우 큰 영향을 미쳐요. 꽃은 빨리 피었지만 나비나 벌 같은 곤충들이 겨울잠에서 아직 깨어나지 않았다면 어떻게 될까요? 꽃의 개화 시기와 곤충의 활동 주기가 맞지 않게 되면서 꽃은 꽃가루가 잘 옮겨지지 않아 번식할 수 없어요. 또 곤충은 먹을 것이 없어서 그 수가 점점 줄어들게 되지요.

이러한 까닭으로 꿀벌이 점점 사라지고 있답니다. 꿀벌은 꿀을 만드는 것 이상으로 생태계에 큰 이로움을 주는 곤충이에요. 꿀벌은 암꽃과 수꽃을 연결하여 사과, 배 등의 나무가 열매를 맺게 해 주거든요. 이런 꿀벌이 이대로 사라지게 해서는 안 되겠지요?

꿀벌의 수가 적어지면 나무가 잘 자라지 못해. 사과, 배 같은 과일도 줄어들게 되겠지.

과일!

과일을 못 먹게 되면 안 되지. 꿀벌을 지키자.

불끈!

너 또 먹을 것 생각하고 있지?

바닷속 생태계도 변하고 있어!

지구가 더워지면 바닷물의 흐름인 해류가 바뀌어요. 따뜻한 난류가 차가운 한류를 밀고 올라와서 차가운 물을 좋아하는 대구, 명태 등은 줄어들고, 따뜻한 물을 좋아하는 오징어 등이 많아져요. 최근 우리나라 동해에서 아열대 바다에 사는 바다거북이 잡힌 적도 있어요. 이렇게 지구 온난화로 바닷속 생태계도 변하고 있어요.

이열대 바다에서 헤엄치고 있는 바다거북

생생! 날씨 정보

요즘은 바다거북이 동해까지 올라온대.

우리를 놀라게 하는
이상한 기상 현상

지구 곳곳에서 이제껏 겪어 보지 못한 이상한 기상 현상들이 자꾸 일어나고 있어요.
이런 기상 이변 뒤에는 자연재해가 따라오기 마련이지요.
어떤 낯선 기상 이변들이 있었는지 알아볼까요?

물의 소중함, 가뭄 가뭄으로 풀이 다 말라 버린 오스트레일리아 목장의 모습이에요. 기후 변화로 인해 건조한 지역의 강수량은 더욱 줄어들어 최악의 가뭄이 일어나요.

홍수는 너무 무서워!

너무 뜨거운 폭염

이제 단순히 날씨가 더운 것을 넘어서서 뜨거울 정도예요. 갈수록 폭염이 더 많이 일어나고 있어요.

무서운 물, 홍수 비가 너무 많이 와서 물이 흘러 넘쳐요. 가뭄과는 정반대로 생기는 기상 현상이지요.

너무 많이 내리는 눈, 폭설과 한파

미국 버지니아 주에 눈이 가득 쌓였어요. 북극의 기온이 평년보다 높아지면서 차가운 공기가 내려와요. 그래서 혹독한 추위가 오고 많은 눈이 내려요.

얼음 폭풍이 몰아치다!

비바람이 몰아치고 갑자기 기온이 내려가면서 비가 얼어붙어요. 얼음 폭풍이 불면 도로가 얼어붙고, 나무와 전선 등이 얼음의 무게를 견디지 못하고 무너져 내려요.

아프리카 케냐에 눈이?

1년 내내 무더운 케냐에 눈이 내렸어요. 인도양에서 불어온 차가운 공기와 콩고에서 불어온 따뜻한 공기가 만났기 때문이라고 해요.

아프리카에 눈이 내렸다고? 사람도 동물도 모두 놀랐겠다.

7장

나도 지구를 구할 수 있어요

지구 온난화와 기후 변화로
지구는 큰 위험에 처해 있어요.
하지만 좀 더 지구를 사랑하고 노력한다면
지구를 구할 수 있을 거예요.
우리가 어떻게 지구를 구할 수 있을까요?

지구를 구하자!

7장
나도 지구를
구할 수 있어요

기후 변화는
우리 모두의 책임이에요

지구가 점점 뜨거워지는 것을 막기 위해서는 지구의 온도를 높이는 온실가스를 줄여야 해요. 그런데 지구 온난화를 일으키는 온실가스의 약 50%가 이산화탄소예요. 따라서 이산화탄소 배출량을 줄이지 못하면 지구 온난화에 의해 지구는 심각한 위험을 맞이하게 될 수 있어요.

산업 혁명이 일어나기 전까지 이산화탄소의 양은 거의 일정했어요. 그러나 18세기 영국에서 일어난 산업 혁명 이후 석탄, 석유, 천연가스 등 화석 연료를 사용하면서 지구의 대기 중의 온실가스 농도가 증가했어요. 이산화탄소, 메테인 등 주요 온실가스의 농도는 인간이 화석 연료를 사용한 이후 뚜렷하게 증가하였답니다.

그럼 누가 온실가스 배출에 책임을 져야 할까요?

그동안 온실가스 배출량은 선진국이 많았지만, 최근에는 개발 도상국의 배출량이 빠르게 증가하고 있어요. 중국의 이산화탄소 배출량은 미국을 앞질렀어요. 우리나라도 이산화탄소 배출량이 빠르게 늘어나고 있지요. 어느새 우리나라도 온실가스 배출에 대하여 다른 나라만 탓할 수 없는 상황이 되었어요.

지구 온난화와 기후 변화는 어느 한 나라만의 문제가 아니라, 전 지구적인 문제예요. 모두 함께 힘을 모아 온실가스를 줄여 지구 온난화를 막고 기후 변화에 대응하기 위해 협력해야겠지요?

얘들아, 이산화탄소량을 줄이려면 어떻게 해야 하는지 아니?

과학자들이 어떤 노력을 하고 있는지 네가 알 리가 없을 텐데……

깊은 바닷속, 땅속 지질층, 석유나 가스를 채취한 곳에 이산화탄소를 압축하여 보관하는 방법을 연구하고 있지.

짹짹

뭘 그렇게 어렵게 해? 그보다 쉬운 방법이 있지. 공장을 다 없애면 돼.

야! 그걸 방법이라고 말한 거야!

안 들려. 안 들려.

스윽~

171

7장
나도 지구를
구할 수 있어요

기후 변화를 막기 위한 노력

지금 전 세계는 지구 온난화를 방지하기 위해 노력하고 있어요. 지구 온난화에 대한 국제 사회의 노력은 오래전부터 시작되었어요.

1979년 제1차 국제 기후 총회에서 세계 여러 나라를 대표하는 기후학자들은 한곳에 모여서 기후 변화 문제의 심각성을 서로 이야기하였어요. 사람들은 기후 변화가 세계 곳곳에 심각한 영향을 주고 있다는 것을 깨닫게 되었지요.

1992년 브라질 리우데자네이루에서 지구 환경 정상 회담이 열렸어요. 지구 온난화를 방지하기 위해 150여 개국이 참석한 이 회담에서 '기후 변화 협약'을 채택하였어요.

하지만 기후 변화 협약상의 온실가스를 줄인다는 의무만으로는 기후 변화를 막기가 어려웠어요. 그래서 1997년 일본 교토에서 열린 제3차 기후 변화 협약 당사국 총회에서 각 나라의 대표들이 모여서 회의를 했어요. 각 대표들은 기후 변화 협약에 따라 온실가스를 줄이기 위한 구체적인 실천 방법을 문서로 만들었지요. 이것이 바로 '교토 의정서'예요.

이 교토 의정서는 말만 앞세우는 것이 아니라, 온실가스를 줄일 수 있는 구체적인 방법을 마련했다는 데에 가장 큰 의의가 있어요. 교토 의정서에 따르면, 선진국 38개 국가가 2008년부터 2012년까지 의무적으로 온실가스 배출량을 줄이기로 약속했어요.

하지만 그 후에도 별다른 효과 없이 기후 변화에 대한 뚜렷한 대책을 내세우지 못하고 있어요. 그래서 2012년 기후 변화 협약 당사국 총회에서는 '교토 의정서'의 효력을 2020년까지 연장하는 개정안을 채택하였답니다.

2012년 카타르의 도하에서 열린 기후 변화 협약 당사국 총회 모습

지구 온난화를 막기 위한 약속이니까 꼭 지켜야겠지?

기후 변화를 막기 위한 노력으로 노벨 평화상을 받다!

'기후 변화에 대한 정부 간 협의체(IPCC)'는 세계 기상 기구(WMO)와 유엔 환경 계획(UNEP)이 공동으로 설립한 유엔 산하 국제 협의체예요. 기후 변화와 관련하여 지구의 위험을 평가하고 국제적인 대책을 마련하는 곳이지요.

이 협의체의 주요 활동 중의 하나는 '교토 의정서'의 이행과 관련한 문제들을 과학적, 경제학적으로 분석하여 특별 보고서를 만드는 것이지요. 이러한 기후 변화 문제를 해결하기 위한 노력을 인정받아 기후 변화에 대한 정부 간 협의체는 2007년 미국의 전 부통령 앨 고어와 함께 노벨 평화상을 받았답니다.

노벨 평화상을 받은 IPCC 의장과 앨 고어

생생! 날씨 정보

7장
나도 지구를
구할 수 있어요

새로운 에너지가
지구를 살려요

현재 인류가 이용하고 있는 대부분의 에너지는 화석 연료에 의해 얻어진 거예요. 화석 연료란 석탄, 석유, 천연가스 등 지하에 매장되어 있는 연료를 말해요. 땅속에 파묻힌 동식물의 유해가 오랜 세월에 걸쳐 굳어져서 만들어진 연료이지요.

18세기 이후 석탄을 에너지로 사용하면서 산업 혁명이 일어났어요. 그 뒤 석유와 천연가스가 발굴되면서 화석 연료의 사용량이 급격히 늘어났어요. 석탄, 석유 등을 이용하는 화력 발전소, 공장, 자동차의 배기가스에서 배출된 이산화탄소는 대기 중에 머물러 지구 온난화를 일으켜요.

지구 온난화에 따른 기후 변화를 막기 위해서는 이산화탄소와 같은 온실가스의 발생량을 줄여야 해요. 그런데 갑자기 석유와 석탄을 사용하지 않을 수는 없어요. 그래서 인류는 화석 연료의 의존도를 줄여 나가면서 환경에 영향을 미치지 않는 새로운 에너지를 찾아 개발하기 위하여 노력하고 있어요. 이러한 새로운 에너지에는 무엇이 있을까요?

최대한 자연을 이용하라!

먼저 태양 에너지는 태양으로부터 나오는 빛이나 열을 이용하여 얻는 에너지를 말해요. 태양 에너지는 에너지의 원천이 태양이므로 양이 무궁무진하고 이용할 때에도 환경 문제를 일으키지 않는다는 장점이 있지요.

▶ 석탄을 사용해 일하는 모습

▶ 석탄을 주 연료로 하여 산업 혁명을 주도한 증기 기관

화력 발전소에서 석유를 태워 전기를 만들어.

태양은 모든 에너지의 근원이지요. 햇빛만 잘 이용한다면 지구에 살고 있는 모든 사람이 쓸 수 있는 에너지를 얻을 수 있답니다.

바람을 이용하는 풍력 에너지는 어떨까요? 사람들은 아주 오래전부터 항해를 하거나 물을 퍼 올리고 풍차를 돌리는 데 바람을 이용했어요. 요즈음에는 전기를 만드는 데 바람의 힘을 이용하기 시작했어요. 풍력 에너지는 환경을 오염시키지 않는 깨끗한 에너지예요.

지열은 지구의 내부에서 외부로 나오는 열이에요. 지열은 수증기, 온수, 화산 분출 등을 통하여 밖으로 나오지요. 이러한 땅속의 열을 이용하여 에너지를 만들 수도 있어요. 지열 에너지는 지구 자체가 가지고 있는 에너지예요.

활용 가능한 것은 모두 이용하라!

사람들은 나무, 해조류 등 에너지로 활용 가능한 모든 생물뿐 아니라 가축의 배설물, 음식물 쓰레기까지도 에너지로 이용하기 위해 노력하고 있어요. 사탕수수나 옥수수에서 추출한 알코올을 자동차 연료로 사용하기도 하고, 공기가 없는 곳에서 발효된 가축의 배설물과 음식물 쓰레기에서 나오는 메테인 가스를 가정에서 연료로 사용하기도 해요. 이러한 연료에서 얻는 ※바이오 에너지는 재생 가능하고 환경도 오염시키지 않아요. 햇빛, 물, 바람, 지열, 바이오 연료 등과 같이 재생이 가능한 자연 자원으로부터 얻는 에너지를 잘 알아보았지요? 이처럼 사람들은 새로운 에너지를 개발하면서 석탄, 석유에서 많이 발생되는 온실가스를 줄이기 위해 계속 노력할 거예요.

바이오 에너지
바이오 연료를 통해 얻을 수 있는 에너지예요. 이 에너지는 저장할 수 있고 적은 비용으로도 개발할 수 있으며 물과 온도 조건만 맞으면 지구 어디에서나 얻을 수 있어요.

특명! 지구를 구하라!

인간의 힘은 약할지 몰라요. 나 한 사람의 힘은 더욱 약할지도 몰라요. 하지만 한 사람, 한 사람이 노력하여 힘을 모은다면 기후 변화를 막을 수 있어요. 우리 같이 작은 것부터 실천해 보아요.

걸어가거나 대중교통을 이용해요

가까운 거리를 갈 때는 걸어가거나 자전거를 타거나 대중교통을 이용해요. 자동차를 하루만 운행하지 않아도 이산화탄소 배출을 줄일 수 있어요.

나무를 많이 심고 가꾸어요

나무를 많이 심고 가꾸는 것도 중요해요. 나무는 이산화탄소를 흡수하여 지구 온난화를 막아 주거든요.

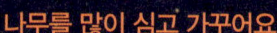

음식은 남기지 말아야지.

음식은 맛있게 먹고 남기지 않아요

유기농 제품과 제철 음식을 먹어요. 해충을 죽이기 위해 사용하는 농약은 땅속의 미생물까지 죽이므로 좋지 않아요. 또 음식은 맛있게 먹고 남기지 마세요. 음식물 쓰레기가 많아지면 온실가스가 늘어나요. 음식물 쓰레기가 분해될 때 온실가스가 나오거든요.

냉장고 문은 자주 열지 않아요

냉장고 문을 자주 열지 마세요. 실내는 적당한 온도를 유지하고요.
그러면 전력 소비량이 많이 줄어들 거예요.

아휴, 더워.
냉장고 문을
열고 싶지만
참아야지.

전자 제품이 쉬면 지구도 쉬어요

컴퓨터와 같은 전자 제품의 전원을 끄면 전력 소비량을 줄일 수 있어요. 잠자리에 들거나 외출할 때는 이용하지 않는 전자 제품의 전원을 꼭 꺼요. 플러그까지 뽑으면 전기 에너지를 더 줄일 수 있답니다.

맑은 날이면 햇살 전등을 켜요

맑은 날에는 전등을 끄고 햇빛이 잘 들어오게 해요.
이렇게 전기 에너지를 아끼면 지구 온난화를 막을 수 있어요.

물건을 아껴 쓰고, 재활용품을 써요

물건을 아껴 쓰고 재활용품을 이용해요.
새 제품을 만드는 것보다 재활용품을 이용
하면 에너지를 더 적게 사용하게 돼요.

사진 출처

기상청, 연합뉴스, Dreamstime, Shutterstock, Wikimedia Commons(영신트랜스, Andrew pmk, Annick MONNIER, Bidgee, Bldgee, Brocken Inaglory, Edal Anton Lefterov, Edoddridge, Eric Rolph, Gretar Ívarsson, H92, iTurtle, Lengai101, Hideki Kimura, Kristoferb, Kim Hansen, Kouhei Sagawa, Mjrogers50, Mariordo Mario Roberto Duran Ortiz, Nagyman, PiccoloNamek, Shizhao, Stefan Lins, Sze Ning, taylorandayumi, Tanzeel Ahad, The Great Cloudwatcher, Thegreenj, Tomas Castelazo, Tony Hisgett, UNclimatechange, Zinc Dawg)

- 이 책에 실린 사진은 저작권자의 허락을 받아 게재한 것입니다.
- 저작권자를 찾지 못해 게재 허락을 받지 못한 일부 사진은 저작권자가 확인되는 대로 게재 허락을 받고 통상 기준에 따라 사용료를 지불하겠습니다.

| 찾아보기 |

ㄱ

가루눈 60
가뭄 50, 158
강수량 46
강우량 46
건조 기후 126
게르 123
계절 128
계절의 변화 132
계절풍 74
고기압 66
고산 기후 127
고적운 63
고층운 63
공기 24
교토 의정서 172
구름 34
구름양 36
국지풍 76
권운 62
권적운 62
극동풍 68
기상 관측 기구 114
기상 관측선 114
기상 레이더 114
기상 위성 115
기상 이변 150
기상청 107
기상 특보 99
기압 66

기압골 96
기온 28, 136
기우제 53
기후 118, 120
기후 변화 144, 150, 170
꿀벌 164

ㄴ

난층운 63
날씨 14
날씨 기호 95
날씨 마케팅 110
날씨 보험 113
날씨 정보 88
냉대 기후 126
높새바람 77
뇌우 82
눈 58
눈 결정 60
뉴턴 57

ㄷ

대기 24
대기권 26
대기권의 구조 26
대기의 대순환 68
대류 16
대류권 26
댐 108

ㄹ

라니냐 148

라디오존데 72, 115
로빈슨 풍속계 71
루크 하워드 37

ㅁ

무역풍 68
무지개 54
물 20
물의 순환 20

ㅂ

바람 66
방파제 108
백엽상 31
병합설 44
보퍼트 73
보퍼트 풍력 계급 72
복사 16
복사 안개 41
복사 에너지 16
부이 72, 114
불쾌지수 90
블리자드 83
비 44
빙정설 44

ㅅ

사계절 128
사막화 158
사이클론 78
산골바람 77
삼배 풍속계 71

생활 지수 90

서리 42

성층권 26

슈퍼컴퓨터 102

스모그 41

싸라기눈 60

싹쓸바람 72

ㅇ

안개 38

앨 고어 173

에어로베인 풍향 풍속계 71

엘니뇨 148

열권 26

열대 기후 124

열대야 145

오로라 27

온대 기후 126

온도계 28

온실가스 154, 170

온실 효과 152

용오름 82

윌슨 벤틀리 61

응결 22, 34

이글루 122

이동성 고기압 96

이류 안개 41

이상 폭우 160

이슬 42

이슬점 34

인공 강우 48

일기도 94, 96

일기 예보 100, 104

ㅈ

자동 기상 관측 장비 115

자외선 지수 92

장경판전 77

장마 50

재생 에너지 177

저기압 66

적란운 63

적운 63

전도 16

전도형 자기 우량계 46

전선 53, 98

전선 안개 41

절기 131

주의보 99

중간권 26

증발 23

증산 23

지구 온난화 152

진눈깨비 60

ㅊ

체감 온도 93

측우기 47

층운 63

층적운 63

ㅋ

코리올리 69

쾨펜의 기후 구분 124

ㅌ

태양 16

태양 복사 에너지 18

태양의 고도 134, 136

태양의 남중 고도 134

태풍 78, 162

태풍의 눈 80

토네이도 82

투발루 156

ㅍ

편서풍 68

폭설 167

폭염 166

폭풍 82

푄 77

풍속 70

풍향 70

프리즘 54

ㅎ

한대 기후 126

함박눈 58

해륙풍 76

허리케인 78

홍수 160

화석 연료 174

활승 안개 41

황사 84, 113

정부 기관 선정 우수 도서상을 많이 수상한 믿을 수 있는 시리즈!

신문이 보이고 뉴스가 들리는 재미있는 이야기 시리즈

전 과목 교과학습, 시사상식, 논술대비까지 해결하는 통합교과학습서!

전 과목 교과 지식과 함께 다양한 사회·세계 이슈를 소개하고, 이해하기 쉽게 설명합니다.
서술형 시험과 구술, 논술 시험에 필요한 배경 지식을 쌓고 통합 사고력을 키울 수 있습니다.

전 41권 | 각 권 12,000원

'환경부 우수환경도서' 선정 | '미래창조과학부 우수과학도서' 선정 | '법무부 추천 도서' 선정 | '문화체육관광부 우수교양도서' 선정
'아침독서 추천 도서' 선정 | '어린이문화진흥회 좋은 어린이책' 선정 | '소년한국 우수어린이도서' 선정 | '학교도서관 사서협의회 추천 도서' 선정
'한국출판문화산업진흥원 청소년 권장도서' 선정 | '한국어린이교육문화연구원 으뜸책' 선정 | 한우리가 선정한 좋은 책

사회와 추리의 만남
모든 사건의 열쇠는 사회 교과서에 있다!

〈어린이 과학 형사대 CSI〉를 잇는 또 하나의 시리즈,
새로운 인물과 더욱 흥미진진해진 사건으로 탄생한
'어린이 사회 형사대 CSI'의 이야기!

다섯 친구들이 펼치는
좌충우돌 형사 학교 이야기.

이제부터 사회 CSI와 함께 흥미진진한
사건들을 해결해 보자!

사회 형사대 CSI 시즌 1 완간!

❶ CSI, 탄생의 비밀 ❷ CSI, 힘겨운 시작 ❸ CSI에 도전하다 ❹ CSI, 파란만장 적응기
❺ CSI, 위기에 처하다 ❻ CSI, 경찰서 실습을 가다 ❼ CSI, 영국에 가다
❽ CSI, 정치 사건을 해결하다 ❾ CSI, 멋진 친구들! ❿ CSI, 새로운 시작!